MARKTPLATZ
Tannenheim

Für Svenja, Moses, Nurit,
Esekiel & Fides

Text & Illustration:
M. Florian Walz

# DIE ERFINDERCHEN

## Die Brotkopiermaschine

Francke

**Über den Autor:**
M. Florian Walz, geboren 1982, lebt mit seiner Ehefrau und seinen vier Kindern im Enzkreis in Baden-Württemberg. Er arbeitet seit 2007 als Designer mit Schwerpunkt auf visueller Kommunikation und Konzeption für Kunden in der ganzen Welt. Seit 2018 ist er außerdem als Autor und Illustrator für Kinderbücher tätig. Sein Wunsch ist es, Kinder zu ermutigen und in ihrem Selbstwertgefühl zu stärken. In seinen Büchern mit christlichem Schwerpunkt liegt es ihm am Herzen, den Glauben alltagsnah und kindgerecht als etwas Wertvolles und Wunderbares zu vermitteln.

www.mfwalz.com
mfwalz
M. Florian Walz

Bibliografische Information der Deutschen Nationalbibliothek
Die Deutsche Nationalbibliothek verzeichnet diese Publikation in der Deutschen Nationalbibliografie; detaillierte bibliografische Daten sind im Internet über http://dnb.dnb.de abrufbar.

ISBN 978-3-96362-372-1

35037 Marburg an der Lahn
Text und Illustrationen: M. Florian Walz
Umschlaggestaltung: Francke-Buch GmbH / Marion Schramm
Satz: Francke-Buch GmbH
Printed in Poland

www.francke-buch.de

# Inhaltsverzeichnis


Kapitel 1: Turbozahnbürsten und Waschbären-Übersetzungshelme ..... 11

Kapitel 2: Ideenflaute ..... 23

Kapitel 3: Fünf Brote, zwei Fische ... und ein Waschbär ..... 35

Kapitel 4: Pläne für die Brotkopiermaschine ..... 45

Kapitel 5: Auf zum Rathaus! ..... 51

Kapitel 6: Ein rasender Kopierer ..... 61

Kapitel 7: Doktor Hackes Hochleistungskammerofen ..... 71

Kapitel 8: Der Zusammenbau ..... 81

Kapitel 9: Ein eingeklemmter Knopf ..... 87

Kapitel 10: Die Brotparty ..... 101

Erfinderzentrale

ANDERS♥N
Spaß
Anzahl an Waschbären
Kekse
Kuchen

## KAPITEL 1

# Turbozahnbürsten und Waschbären-Übersetzungshelme

Das sind Ben und Bashar. Die beiden sind acht Jahre alt und richtig gute Freunde. Sie gehen in die Klasse 3a der Benjamin-Franklin-Grundschule. Und sie lieben es, neue Dinge zu erfinden. Deshalb nennen sie sich auch die Erfinderfreunde. Oder wie Bens Papa immer sagt: die »Erfinderchen«.

Ben lebt mit seinen Eltern und seiner kleinen Schwester Lara in Tannenheim, einem beschaulichen Ort im Schwarzwald in der Gartengasse 5. In der Garage ihres Hauses haben Ben und Bashar ihre Erfinderzentrale, sozusagen ihr Labor. Hier kann man die tollsten Erfindungen bestaunen. Aber natürlich nur dann, wenn nicht gerade das Schild an der Tür hängt »Bitte nicht stören – Genies am Werk«.

In der Garage leben außerdem fünf Waschbären. Die waren schon dort, als Bens Eltern das Haus vor ein paar Jahren gekauft haben. »Es wäre ja unfair, die Waschbären einfach rauszuschmeißen, wenn sie schon vor uns hier gelebt haben«, hatte Papa damals entschieden. Und deswegen sind die Waschbären nun immer noch da. Als

Ben und Bashar sich dazu entschlossen, Erfinder zu werden, hatte Ben vorgeschlagen: »Jeder gute Erfinder hat Laborhelfer. Wäre doch super, wenn die Waschbären unsere Laborhelfer wären.«

Seitdem haben die beiden Erfinderchen nun fünf ziemlich außergewöhnliche Helfer. Außerdem hat jeder Waschbär einen Namen bekommen und trägt ein ganz besonderes Kleidungsstück:

Einer heißt Da Vinci. Man erkennt ihn an seinen gelben Turnschuhen. Vielleicht hast du schon mal von dem Maler, Architekten und auch Erfinder Leonardo Da Vinci gehört. Er hat vor über 500 Jahren gelebt, in der Zeit zwischen 1452 und 1519 und hat Dinge wie Fallschirme und Taucheranzüge erfunden. Damit war er seiner Zeit weit voraus.

Anderson ist eine Waschbärdame und hat einen grünen Schal. Den trägt sie immer. Ihre Namensgeberin war Mary Anderson, die von 1866 bis 1953 gelebt hat und die Scheibenwaschanlage erfunden hat.

Tesla ist der größte Waschbär und trägt eine blaue Krawatte. Er braucht morgens immer erst einen großen Becher mit Kaffee, weil er sonst müde und schlecht gelaunt ist (meistens ist er dann aber trotz des Kaffees immer noch grummelig). Seinen Namen hat er von Nikola Tesla, einem berühmten Erfinder, der von 1865 bis 1943 gelebt hat. Nikola Teslas Erfindungen haben dazu beigetragen, dass viele Dinge hergestellt werden konnten, die wir noch heute nutzen, zum Beispiel Elektromotoren, Neonröhren, Mikrowellen, das Radio und Fernsteuerungen.

Dann gibt es noch Edison. Er trägt ein Stirnband mit Motorradmuster. Seinen Namen hat er von Thomas Edison, der zwischen 1847 und 1931 viele großartige Dinge erfunden hat, zum Beispiel Teile des Telefons, die Schreibmaschine und die Technik für Kinofilm-Rollen.

Der kleinste Waschbär heißt Gutenberg. Er hat von den Erfinderchen eine pinke Fliege bekommen und ist nach Thomas Gutenberg benannt, der von 1400 bis 1468 gelebt hat. Gutenberg hat die Maschine erfunden, die das Bücherdrucken möglich macht.

Im Labor von Ben und Bashar kann man bereits viele Erfindungen bestaunen. Vor ein paar Monaten haben sie zum Beispiel eine Turbozahnbürste erfunden. »Damit kann ich mir die Zähne in drei Sekunden blitzeblank putzen«, hatte Ben damals stolz seinen Eltern erzählt. »Ich demonstriere es euch.« Die Demonstration führte allerdings zu Bens erster Zahnlücke und seitdem steht die Turboantriebszahnbürste im Regal der »mittelguten Ideen«.

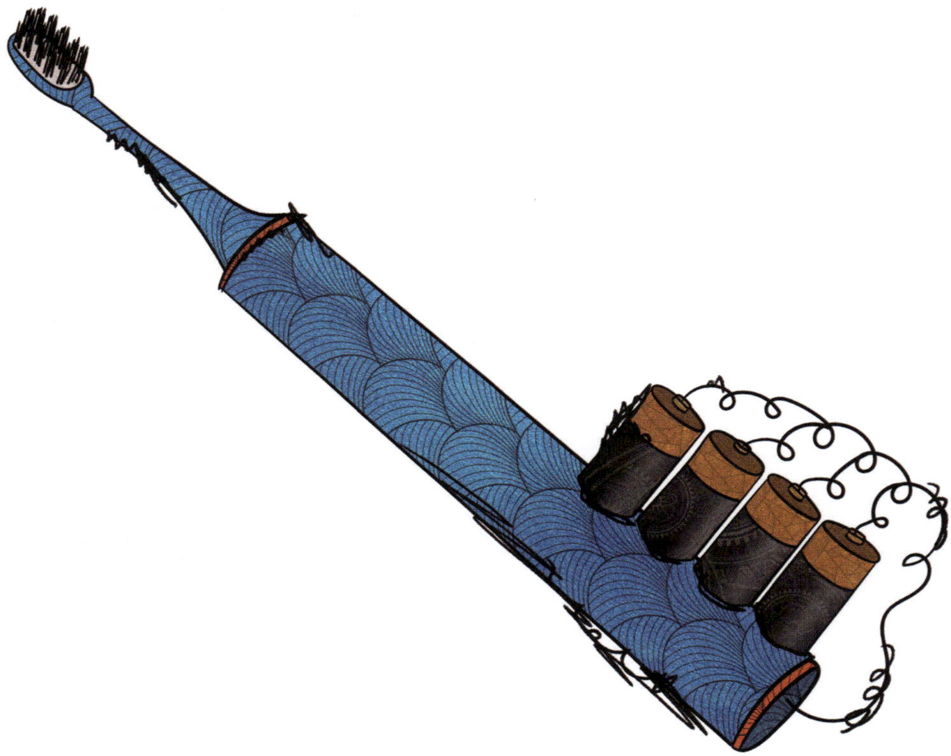

Eine weitere berühmte Erfindung sind ihre Rasenmäher-Racer. Bashar und Ben haben dafür in zwei ferngesteuerte Autos Haarschneidemaschinen eingebaut. Nun können sie beim Rasenmähen Spaß haben und sogar Rennen gegeneinander fahren. Einmal sind sie aber aus Versehen über Bens Papa gefahren, als der sich im Garten auf der Wiese gesonnt hat. Danach hatte Bens Papa auf seinem ansonsten sehr haarigen Bauch zwei freirasierte Streifen. Seitdem gehen Ben und Bashar immer auf Nummer sicher und achten darauf, dass der Garten auch wirklich leer ist, bevor sie mit ihren Racern den Rasen mähen.

Doch die bisher beste Erfindung in der Erfinderzentrale ist der Waschbärenübersetzungshelm. Den haben Ben und Bashar vor zwei Jahren für Tesla, Anderson, Edison, Da Vinci und Gutenberg erfunden. Damals kam Bashar auf die Idee: »Hey, es wäre doch super, wenn wir verstehen würden, was unsere Laborhelfer zu uns sagen.« Schnurstracks gingen sie an die Arbeit: Aus alten Blechdosen bastelten sie fünf Helme und an jedem Helm befestigten sie ein Mikrofon. Das Mikrofon wiederum verbanden sie mit alten Smartphones, die ihnen Bens Mama vom Kirchenflohmarkt mitgebracht hatte. Und auf jedem Smartphone installierten sie eine Übersetzungs-App. So konnte immer dann, wenn ein Waschbär etwas brabbelte, das Smartphone direkt übersetzen, was gesagt wurde.

Die Helme funktionierten auch ganz großartig: Als Ben den ersten Helm auf Da Vincis Waschbärenkopf festzurrte, knackste und rauschte es kurz aus dem Smartphone-Lautsprecher. Dann quiekte Da Vinci vergnügt und sein Waschbärenübersetzungshelm dröhnte: »Herzlichen Dank für diesen formvollendeten Helm. Damit macht die Arbeit im Labor gleich doppelt so viel Spaß!« In dem Moment kam Bens Papa ins Labor, sah Da Vinci mit dem Helm auf dem Kopf und musste laut lachen: »Was habt ihr Erfinderchen denn nun wieder Tolles gebaut?«

Ben stemmte stolz die Hände in die Hüften. »Das ist der erste Waschbärenübersetzungshelm der Welt! Da Vinci, sprich zu uns, wie fühlst du dich?«

Da Vinci, der immer noch zwischen Ben und Bashar saß, schaute zu Ben hoch und

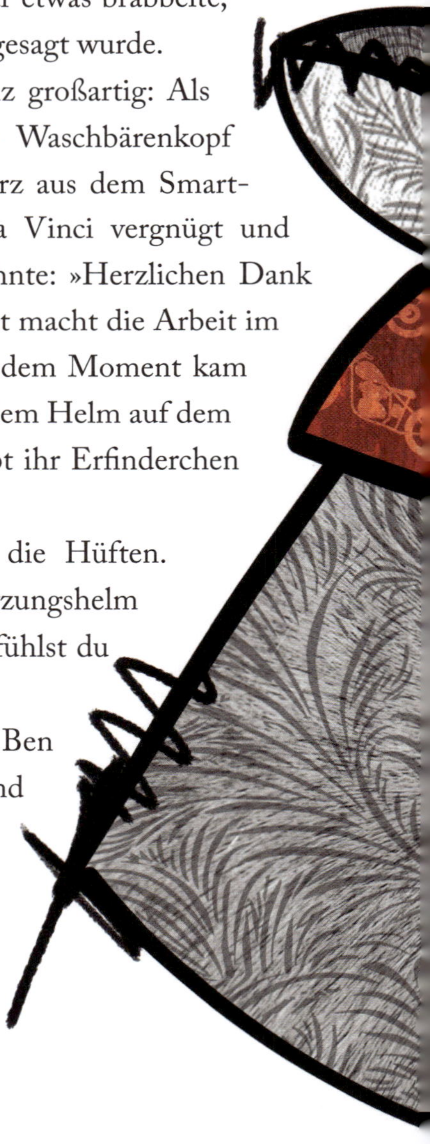

brabbelte wieder fröhlich. Sein Übersetzungshelm sprang sofort an und gab von sich: »Apfelsaft in meiner linken Socke. Vogelfurze stinken wie Käse.«

Bens Papa lachte: »Na, da müsst ihr wohl noch ein bisschen am Feintuning arbeiten. Aber trotzdem schon mal sehr schön!«

Bevor Ben und Bashar etwas sagen konnten, war Bens Papa schon wieder verschwunden.

»Merkwürdig«, murmelte Bashar, »eben hatte der Helm doch noch einwandfrei funktioniert.« Da unterbrach ihn Da Vinci: »Korrekt, eben war der Helm absolut famos in seiner Funktionsweise. Vielleicht ist danach eine Platine im Smartphoneprozessor verrutscht.«

Ben und Bashar staunten über Da Vincis Worte. Sie hatten es geschafft: Sie hatten sprechende Laborhelferwaschbären. Daraufhin bereiteten sie die Helme auch für die anderen vier Waschbären vor und jeder ihrer Laborhelfer konnte seitdem direkt mit Ben und Bashar sprechen. Dass die Helme aber immer dann eine Fehlfunktion haben, wenn ein Erwachsener dabei ist, dieses Problem haben sie bis heute nicht lösen können.

## KAPITEL 2

# Ideenflaute

Seit ein paar Wochen haben Ben und Bashar ein Problem: Ihnen fallen keine neuen Erfindungen mehr ein. Sie kommen nur noch auf Dinge, die es schon gibt. Zum Beispiel schlug Ben neulich aufgeregt vor: »Bashar, ich habe eine großartige Idee: Wie wäre es, wenn wir eine Gabel erfinden, mit der man auch Suppe essen kann?« Bashar guckte seinen Freund verdutzt an und sagte dann lachend: »Ben, das gibt es doch schon. Man nennt es Löffel.«

Das andere, was derzeit dauernd passiert, ist, dass sie Dinge erfinden, die niemand wirklich toll findet. Zum Beispiel haben sie einen Hausaufgabenerlediger erfunden. Der ist im Prinzip nichts anderes als ein Reißwolf, in den man oben seine Hausaufgaben hineinlegt. Die Hausaufgabenblätter werden dann im Reißwolf zu klitzekleinen Papierschnipseln zerrissen und die Hausaufgaben haben sich erledigt. Ben und Bashar fanden die Idee super, ihre Eltern leider gar nicht. Und auch ihre Klassenlehrerin, Frau Rollmops, fand es nicht so lustig, als die beiden mit einer großen Tüte Papierschnipsel in den Unterricht kamen. Insgesamt herrscht also absolute Ideenflaute.

Als Ben und Bashar an einem Freitag nach der Schule wieder in

HAUSAUFGABEN-
ERLEDIGER

ihrer Erfinderzentrale sitzen, seufzt Ben: »Wieso fällt uns nur keine neue Erfindung ein? Da Vinci, hast du vielleicht eine Idee?«

Der Waschbär schaut ihn mit großen Augen an, als würde er überlegen. Da knistert sein Übersetzungsmikrofon: »Wie wäre es mit wiederverwendbarem Klopapier?«

Bashar kichert: »Ja, Klopapier zum Auswaschen, das fände ich super. Aber meine Eltern vermutlich nicht.« Als Gutenberg dazukommt, hat er auch eine Idee. »Wie wäre es mit einem essbaren Kopfkissen? Wenn man nachts Hunger hat, muss man nicht extra aufstehen.«

Ben und Bashar müssen wieder lachen.

Da ertönt eine weitere Waschbärstimme hinten aus dem Labor. »Ich finde das gar nicht witzig!« Es ist die Stimme von Anderson. »Gutenberg hat nämlich letzte Nacht mein Kopfkissen gegessen.«

»Genau deswegen brauchen wir ja essbare Kopfkissen«, erwidert Gutenberg. »Dann hätte ich jetzt nicht solche Bauchschmerzen. Daunenfedern sind schlecht verträglich!«.

Da klopft Bens Papa an die Tür: »Ich fahre euch gleich zum KiGo.«

»Ja, wir kommen«, ruft Ben zurück.

Der KiGo ist der Kindergottesdienst, zu dem Ben und Bashar jede Woche gehen. Der findet in der Kirchengemeinde von Bens Mama statt. Bei ihrer Ideenflaute hilft ihnen der KiGo zwar nicht, aber schön ist es dort trotzdem immer. Sogar so schön, dass die fünf Waschbären am liebsten mitkommen würden. Edison stellt sich vor den beiden Erfinderchen auf seine Hinterpfoten, räuspert sich und sagt: »Verehrte Wissenschaftler, meine Laborhelfer und ich haben eine 45-seitige PowerPoint Präsentation erstellt, die begründet, warum es ein Fehler wäre, uns nicht zum KiGo mitzunehmen. Bitte schenken Sie uns hierfür kurz Ihre Aufmerksamkeit.«

Da klopft es plötzlich wieder und die Tür öffnet sich einen Spaltbreit. Blitzschnell setzt sich Edison wieder hin und sofort ist aus dem Übersetzungslautsprecher nur noch unzusammenhängender Quatsch zu hören: »Erdbeerjoghurt auf meine Nase bitte.«

Ben kichert und ruft: »Ja, Papa, ich habe doch gesagt, wir kommen gleich.«

**»Ben und Bashar, ich wollte euch noch jemanden vorstellen.«**

Die beiden drehen sich neugierig um.

»Das hier ist Mia. Ihre Eltern haben mich gebeten, sie heute zusammen mit euch zum KiGo zu fahren.« Hinter dem breiten Rücken von Bens Papa erscheint nun ein kleines Mädchen mit einer riesigen schwarzen Brille auf der Nase. Schüchtern schaut sie in die Runde. »Hallo, ich bin Mia und ich bin neu hier.«

Beim Anblick des unbekannten Wesens erschrickt Edison und hüpft aufgeregt davon, dabei krächzt es noch aus seinem Lautsprecher: »Fußnägel kauen für Anfänger.«

Bens Papa lacht. »Jungs, Mia, ich hole nur rasch meine Jacke und dann geht's los zum KiGo. Mia, schau dir doch so lange das Labor an.«

Als Bens Papa verschwunden ist, kommt Edison sofort angelaufen und hält Mia seine Pfote hin: »Herzlich willkommen im besten Labor der Welt. Ich heiße Edison.«

Mia bekommt große Augen. »Euer Waschbär kann sprechen?«

Ben nickt stolz. »Ja, wir haben sogar fünf sprechende Waschbären. Bashar und ich haben Waschbärenübersetzungshelme erfunden. Sie

funktionieren ausgezeichnet. Außer wenn Erwachsene in der Nähe sind.«

»Stimmt«, bestätigt Bashar. »Das hat vermutlich etwas mit der Funkfrequenz der Lautsprecher zu tun. Oder mit einem falschen Softwareupdate.«

Da fällt Bashars Blick auf das T-Shirt von Mia. Darauf ist das Symbol eines Atoms zu sehen. »Bist du etwa auch eine Erfinderin?«, will er wissen.

»Hm, na ja, also eine Erfinderin nicht direkt, aber ich interessiere

mich sehr für Wissenschaft und zum Beispiel Atome. Wusstet ihr, dass jeder Mensch ungefähr sieben Milliarden Milliarden Milliarden Atome in seinem Körper hat? Das bedeutet, dass …«

Plötzlich ruft Tesla irgendwo hinten aus dem Labor: »Wir brauchen hier keine Mädchen. Mädchen stinken!«

Sofort entgegnet Anderson, die Waschbärendame, verärgert: »Mädchen stinken? Hast du dich schon mal gerochen? Bei dir ist der Name Waschbär komplett verschwendet. Du bist genau das Gegenteil, ein Nicht-Wasch-Bär. Hier, wasch dich mal damit!« Sie wirft ein Reagenzglas mit einer orangefarbenen Flüssigkeit in Teslas Richtung, das mit einem lauten Knall an der hinteren Wand zerbricht.

Schnell kommt Gutenberg mit Schaufel und Handfeger angerannt und ruft aufgeregt: »Keine Sorge, ich fege das sofort auf!«

Erschrocken steckt Bens Papa den Kopf durch die Tür zum Labor. »Ist da gerade etwas kaputtgegangen?«

»Ja, das war nur Anderson, sie hat ein Reagenzglas nach Tesla geworfen«, erklärt Ben schnell.

»Soso, das war also eure Waschbärendame? Und ich schätze mal, Gutenberg wird die Scherben jetzt auffegen.« Er lacht.

»Ganz genau! Stimmt doch, nicht wahr, Gutenberg?«, will Ben nun von ihm wissen. Doch Gutenberg, der eben noch mit Hand-

feger und Schaufel durchs Labor gerannt ist, kratzt sich nun mit dem Handfeger seinen Waschbärenhintern und aus seinem Übersetzungshelm kommen die Worte: »Guter Storch, will im Sandkasten buddeln, aber der Fuß steckt im Klo fest.«

Papa muss wieder lachen: »Eure Übersetzungshelme scheinen immer noch einen kleinen Hänger zu haben, oder? Kommt, ich fege die Scherben rasch auf und ihr setzt euch schon mal ins Auto.«

Als die drei mit Bens Papa unterwegs zum KiGo sind, wendet sich Bashar an Mia: »Von wo bist du denn eigentlich hierher gezogen?«

Mia schaut Bashar schüchtern an. »Aus Berlin«, kommt es ihr ein wenig traurig über die Lippen.

»Vermisst du Berlin?«, will Bashar wissen.

Mia nickt und guckt aus dem Fenster. »Hier ist alles so anders. So hügelig und grün und leise. In Berlin war alles flach und laut und eher grau.«

Bashar und Ben runzeln die Stirn, beide versuchen, sich eine flache, graue, laute Stadt vorzustellen.

Mia seufzt. »Berlin ist halt einfach so weit weg.«

Ben kichert: »Das findest du weit? Weißt du, wo Bashar herkommt? Aus Jordanien.«

»Wo ist das denn?«, will Mia wissen.

»Das ist ungefähr da, wo Jesus auch gelebt hat«, erklärt Bashar. »Nur etwas weiter rechts auf der Landkarte. Aber geboren wurde ich in Damaskus, das ist die Hauptstadt von Syrien.«

»Ui, das ist ja wirklich nicht gerade um die Ecke!«, staunt Mia.

»Aber gibt es denn so gar nichts, was dir hier gefällt, Mia?«, will Ben wissen.

Mia überlegt: »Ich find's gut, dass der Schwarzwald nicht schwarz ist, sondern so schön hell und grün. Aber wieso heißt er dann eigentlich Schwarzwald?«

Ben und Bashar überlegen, da kommt Bashar eine Idee. »Vielleicht, weil es gerade Nacht war, als jemand sich einen Namen für ihn ausdenken musste, und da hat er wahrscheinlich ganz schön schwarz ausgesehen.«

Über diese Erklärung müssen sie alle lachen. Auch ein leises Waschbärenkichern ist zu hören. Edison hat sich nämlich unbemerkt in Bashars Rucksack versteckt. Doch keines der drei Kinder scheint ihn gehört zu haben.

Mia schaut eine Weile aus dem Fenster und betrachtet die vorbeifahrenden Bäume. »Was ist eigentlich eure neueste Erfindung?«

Ben und Bashar sehen sich an. »Na ja, genau genommen haben wir seit fast drei Monaten nichts mehr erfunden«, gibt Bashar etwas geknickt zu.

»Wieso das denn?«, will Mia wissen.

»Wir haben einfach keine guten Ideen mehr.« Ben kratzt sich am Kopf. »Entweder gibt es die Erfindung schon oder sie ist absolut nicht zu gebrauchen. Es ist zum Mäuse melken.«

Da unterbricht ihn Bashar: »Ich hätte eine Idee: Wie wäre es mit einer Mäuse-Melk-Maschine?«

Ben lacht. »Siehst du, Mia? Wir haben nur noch komische Ideen.«

Jetzt muss auch Bashar lachen.

## KAPITEL 3

# Fünf Brote, zwei Fische … und ein Waschbär

Als sie in der Gemeinde ankommen, herrscht ein buntes Treiben: Auf dem Hof vor einem großen, hellen Gebäude rennen Kinder wild umher, spielen Fußball oder hüpfen auf einem riesigen Trampolin. Mia bekommt große Augen. »Hier ist ja ganz schön was los.«

»Stimmt. Zum Kindergottesdienst kommen jede Woche ungefähr fünfzig Kinder«, erklärt Ben. »Komm mit, wir zeigen dir, wo es gleich losgeht. Bis später, Papa!«

»Passt gut auf Mia auf, Jungs! Denkt daran, dass sie zum allerersten Mal hier ist!«, ruft Bens Papa ihnen noch hinterher. Dann geht er zu einem langen Tisch, an dem sich die Eltern der Kinder über Kaffee und Donuts hermachen.

Ben fährt in seinem Rollstuhl voran, Bashar zieht Mia aufgeregt hinter sich her ins Gebäude. Dort gibt es einen großen Raum, in dem normalerweise die Gottesdienste stattfinden. Heute liegen hier vor der Bühne bergeweise Kissen, auf denen sich schon die ersten Kinder einen Platz gesucht haben. »Guck mal, von da oben spielt jedes Mal eine Band, die mit uns ein paar Lieder singt«, erklärt Ben und zeigt nach vorne. »Danach wird ein gemeinsames Spiel gemacht und eine Geschichte aus der Bibel erzählt. Kennst du Bibelgeschichten, Mia?«

»Ja, in Berlin bin ich auch zum Kindergottesdienst gegangen. Das war echt schön, auch wenn unsere Kirche schon ein ganz altes Gebäude war. Nur gab es da leider nicht so viele Kinder wie hier. Und eine Band hatten wir auch nicht, stattdessen hat der Pfarrer mit uns gesungen und die Lieder auf seinem Schifferklavier begleitet.«

»Klingt aber auch gut.« Bashar zeigt auf ein paar freie Kissen ganz vorne an der Bühne: »Kommt mit, dann sind wir schön dicht dran.«

Als der Kindergottesdienst beginnt, ist jedes Kissen besetzt. Mia staunt immer noch über die vielen Kinder, die gekommen sind. Da betreten vier Leute die Bühne: Ein großer Mann mit langen Haaren und Bart schnallt sich eine E-Gitarre um, ein etwas kleinerer und dickerer tritt ans Mikrofon.

»Der große mit dem Bart heißt Tom«, flüstert Bashar. »Und der kleine am Mikro ist der Sänger und heißt Tim.«

Eine ältere Dame setzt sich ans Klavier. Mia gefällt am besten, dass hinter dem Schlagzeug ein junges Mädchen Platz genommen hat. Wie cool, dass die schon Schlagzeug spielen kann, denkt sie sich.

Als die Musik losgeht, hüpfen die Kinder herum und singen laut die Texte mit. Mia kennt zwar keines der Lieder, aber zum Hüpfen ist das zum Glück ja auch nicht notwendig. Bei all dem Herumgespringe bemerkt niemand, dass Edison aus Bashars Rucksack krabbelt und blitzschnell auf die Bühne klettert. Die Musik gefällt ihm anscheinend so gut, dass er sich mitten in die große Trommel setzt.

Nach den Liedern und dem gemeinsamen Spiel kommt die Pfarrerin auf die Bühne. Das ist Bens Mutter. Sie lächelt und winkt Ben kurz zu, doch der tut so, als hätte er es nicht gesehen. »Manno, meine Mama weiß doch, dass mir das peinlich ist, wenn sie mir zuwinkt.« Mia und Bashar kichern.

»Heute erzähle ich euch die Geschichte, wie Jesus mit nur fünf Broten und zwei Fischen über fünftausend Menschen satt gemacht hat. Eines Tages war Jesus eine große Menschenmenge gefolgt, Männer, Frauen und auch viele Kinder. Sie wollten Jesus sehen und

ihm zuhören. Und sie wünschten sich, dass er für sie betete. Jesus nahm sich ganz viel Zeit für die Menschen und irgendwann wurde es Abend. Die nächste Stadt war weit entfernt und weil es damals auch noch keine Supermärkte und keinen Pizzalieferservice gab, schlugen die besten Freunde von Jesus vor, die Leute wegzuschicken, denn bestimmt hatten sie alle mächtig Hunger. Doch Jesus hatte eine bessere Idee: ›Gebt ihr ihnen doch etwas zu essen.‹ Verdutzt schauten sich die Freunde von Jesus an. Keiner von ihnen hatte auch nur einen Müsliriegel oder eine Currywurst dabei, und erst recht nicht genug für fünftausend Menschen.«

Die Pfarrerin macht eine kurze Pause. Dann sagt sie: »Eine kleine Rechenaufgabe: Wenn jeder von den fünftausend Leuten eine Currywurst hätte haben wollen, wie viele Currywürste hätten die Freunde von Jesus dann dabeihaben müssen?«

Alle Kinder – zumindest die, die schon in der Schule sind und ein klein bisschen rechnen können, rufen laut: »Fünftausend Currywürste!!!«

Da nickt die Mama von Ben zufrieden und sagt: »Ganz genau. Und könnt ihr euch vorstellen, dass sie so viele bei sich hatten?«

Wieder rufen alle Kinder laut »Nein!«

»Richtig«, sagt die Pfarrerin. »Aber trotzdem forderte Jesus seine Freunde auf: ›Gebt ihr ihnen zu essen.‹ Die Freunde legten zusammen, was sie finden konnte, aber das war nicht viel: fünf Brote und zwei Fische. Daraufhin sagte Jesus: ›Super, ich danke euch.‹ Er nahm die Brote und Fische und sprach ein kurzes Gebet. Wer von euch kennt ein Gebet, das man vor dem Essen betet?«

Ein Kind neben Ben hebt die Hand und sagt »Jedes Tierlein hat sein Essen, jedes Blümlein trinkt von dir. Hast auch unser nicht vergessen, lieber Gott, wir danken dir.«

»Sehr schön! Das kenne ich sogar noch von früher, als ich so klein war wie ihr«, sagt Bens Mama. »Wer kennt noch ein Tischgebet?«

Kein Kind meldet sich. Auf einmal hört man eine Stimme von der Bühne: »Ein Kaktus am Po kann pieksen. Aua aua, Herr Bauer!«

Alle Kinder wundern sich, wo die Stimme herkommt. Die Pfarrerin dreht sich um und schaut hinter sich. »Wer hat das gesagt?«, fragt sie. Da ist wieder etwas zu hören: »Unterhosen gehören auf den Kopf gegen Sonnenbrand!«

Ben und Bashar schauen sich schockiert an. Die Stimme kennen sie doch! Im gleichen Moment sieht Bens Mama, wer da in der Schlagzeugtrommel sitzt und sie anschaut. Gleichzeitig mit Ben und Bashar ruft sie: »Edison!« Bens Mama schnappt sich den kleinen Waschbären und wirft Ben einen ihrer berühmten »Mein-lieber-Freund-so-etwas-geht-aber-mal-gar-nicht-das-gibt-später-noch-ein-Donnerwetter«-Blicke zu. Aber Edison scheint das nicht zu kümmern. Er freut sich, dass Bens Mama ihn hochgehoben hat, gibt ihr mit seinem kleinen Waschbärmund einen nassen Kuss auf die Nase und quiekt fröhlich. Sein Übersetzungshelm ertönt wieder »Schöne Prinzessin mit Glitzerkleid.«

Alle Kinder lachen laut los und auch Bens Mama kann sich ein Lächeln nicht verkneifen. »Nun, das ist bei Jesus damals wahrscheinlich nicht passiert, dass ein Waschbär ihn geküsst hat. Meinetwegen kannst du bleiben. Damit ich aber gut sehen kann, was du machst, kommst du jetzt hier hinein.« Die Pfarrerin setzt Edison in ein kleines Arche Noah Holzschiff, das mit einem dünnen Seil an der Decke befestigt ist.

So baumelt Edison nun hin und her. Bens Mama räuspert sich kurz: »Nun ja, wo waren wir? Ach ja, richtig! Jesus sprach also so etwas wie ein Tischgebet. Er dankte Gott für die fünf Brote und die zwei Fische. Und dann gab er seinen Freunden immer ein Stück Brot und ein bisschen was von den Fischen, damit sie es an die Menschen verteilten. Und wisst ihr, was dann geschah? Das Essen reichte für alle, die dort waren. Jeder Mann, jede Frau und jedes Kind wurde satt.

Es war sogar so viel, dass am Ende noch zwölf Körbe voll Essen übrig blieben. Was meint ihr, wie hat Jesus das gemacht?«

Die Kinder schweigen, keiner hat eine Idee. Da stupst Mia Bashar an und sagt zu ihm und Ben: »Vielleicht hatte Jesus ja eine Brotkopiermaschiene.« Alle drei kichern leise.

Bens Mama wartet noch einen Moment, und als kein Kind eine Idee hat, sagt sie: »Wisst ihr, was? Mir geht es genauso wie euch: Ich habe keine Ahnung, wie Jesus das gemacht hat. Er hat Gott einfach nur gedankt und dann voller Vertrauen auf Gott das Essen an seine Freunde verteilt. Und die haben ihm vertraut und das Essen an die Menschen weitergegeben. Sie hätten auch sagen können: ›Jesus, jetzt mal ehrlich, wie soll das denn für alle reichen? Das geht doch nicht.‹ Stattdessen haben sie ihm vertraut und haben das, was sie hatten, mit anderen geteilt.«

Die Pfarrerin macht wieder eine Pause. »Manchmal können wir das auch heute noch erleben. Dort, wo wir Gott vertrauen und mit anderen teilen, da tut Gott manchmal auch heute noch ein Wunder.« Als Bens Mama diesen Satz gesagt hat, singen alle noch zusammen ein letztes Lied. Danach ist der Kindergottesdienst vorbei. Alle Kinder gehen nach draußen und auch Ben, Bashar und Mia bewegen sich zusammen mit Edison, der jetzt wieder in Bashars Rucksack sitzt, in Richtung Auto. Weil Bens Papa noch die letzten Donuts aufisst und seinen Kaffee austrinkt – und natürlich wie alle Erwachsene das so machen unbedingt noch quasseln muss – stehen die Kinder vor dem Auto und warten. »Hey, wie hat es dir jetzt eigentlich gefallen?«, will Ben von Mia wissen. Doch die antwortet nicht, sondern schaut angestrengt auf ihre Schuhe. Es sieht so aus, als würden in ihrem Kopf lauter kleine Zahnrädchen ineinandergreifen und eine große Maschine in Gang setzen. Bashar bemerkt es auch und fragt: »Mia, ist alles in Ordnung?«

Mia ist noch einen Moment still. Dann wird ihr Gesichtsausdruck entspannter, sie beginnt zu lächeln und sagt ganz aufgeregt: »Leute, ich hab's!« Ben und Bashar schauen sich an, verstehen aber nicht, was Mia meint. »Was hast du?«, fragt Ben neugierig.

»Ich hab die Idee für eure nächste Erfindung!«

Bashar hält es kaum aus und will wissen: »Was ist es denn? Was für eine Idee hast du?«

Mia grinst jetzt geheimnisvoll: »Das verrate ich euch nur, wenn ich euch helfen darf, die Erfindung zu bauen.«

Ben und Bashar nicken eifrig. Sie mögen Mia sowieso jetzt schon, und wenn sie nun noch eine gute Idee hat, darf sie natürlich auch mit daran arbeiten. »Ja, na klar«, sagt Ben. »Also, was ist es?«

Mia strahlt und sagt: »Wir bauen eine Brotkopiermaschine!«

## KAPITEL 4

# Pläne für die Brotkopiermaschine

Am nächsten Tag ist Samstag. Wochenende. Ben und Bashar treffen sich gleich nach dem Frühstück im Labor. Die Erfinderchen freuen sich: Heute und morgen haben sie genug Zeit, um zusammen mit Mia ihre neue Erfindung auszutüfteln. Da klopft es an der Tür und Mia kommt herein.

»Guten Morgen, Jungs«, ruft sie gut gelaunt. In dem Moment schlurft Tesla an Ben und Bashar vorbei. In seiner kleinen Pfote hält er eine Tasse, aus der es nach Kaffee riecht. Grimmig grummelt er vor sich hin: »Was soll denn an einem Morgen gut sein, der viel zu früh und mit so viel Lärm losgeht?« Er schlürft einen Schluck von der schwarzen Brühe und läuft langsam weiter.

»Mach dir nichts draus«, sagt Bashar zu Mia, die Tesla erstaunt hinterherschaut. »Er ist ein miesgelaunter Morgenmuffel.«

Mia kichert »Kein Problem, das kenne ich von meinem großen Bruder, den darf man vor zwölf Uhr mittags auch nicht ansprechen. Aber was meint er denn damit, dass der Morgen viel zu früh losging?«

»Ich war so aufgeregt wegen deiner tollen Brotkopiermaschinen-Idee«, erklärt Ben, »dass ich heute früh vor dem Frühstück schon ein paar Notizen gemacht und einige Teile zusammengesucht habe, die wir gebrauchen könnten.« Er holt ein großes Blatt Papier hervor und legt es auf den Schreibtisch in der Mitte des Labors. Darauf ist eine riesige Zeichnung zu erkennen, dazu noch viele kleine Skizzen und Notizen.

»Ich dachte mir, als grundlegendes Gehäuse nehmen wir einen großen Kopierer. Aber statt eines Papiereinzugsfaches«, erklärt Ben weiter, »verbauen wir eine Mehl- und Wasserklappe. In diese können alle Zutaten gekippt werden. Sozusagen auf Vorrat. Auf die Kopierfläche kann man dann ein beliebiges Brot legen. Der Scanner erkennt, um welches Brot es sich handelt, und bedient sich dann automatisch aus den vorhandenen Zutaten und backt mithilfe eines Ofens, den wir in die Mitte der Maschine bauen, eine Kopie des Brotes. Das neue Brot wird dann schließlich hier ausgeworfen.« Ben tippt auf eine Klappe, die er rechts am Kopierer gezeichnet hat.

Bashar nickt. »Das ist eine gute Grundlage, damit könnte es funktionieren.«

Plötzlich gesellt sich Gutenberg zu ihnen: »Das sieht ganz großartig aus! Kann man damit auch Müll kopieren?«

Mia schaut den Waschbären verwundert an. »Wieso denn Müll?«

Gutenberg erwidert: »Na, zum Essen.«

Mia ist irritiert, aber Ben erklärt ihr schnell: »Gutenberg, ... na ja ... frisst gerne Müll.«

»Wieso das denn?«, will Mia wissen.

»Weil Müll wie ein Fünf-Gänge-Menü im feinsten Restaurant ist, nur eben kostenlos«, antwortet Gutenberg. »Stell dir vor, du machst die Mülltonne auf und findest ein altes Brot, auf dem eine richtig schöne braune Bananenschale liegt. Und vielleicht klebt noch etwas alte Pizzasoße daran und ein Klecks Zahnpasta – lecker!« Der

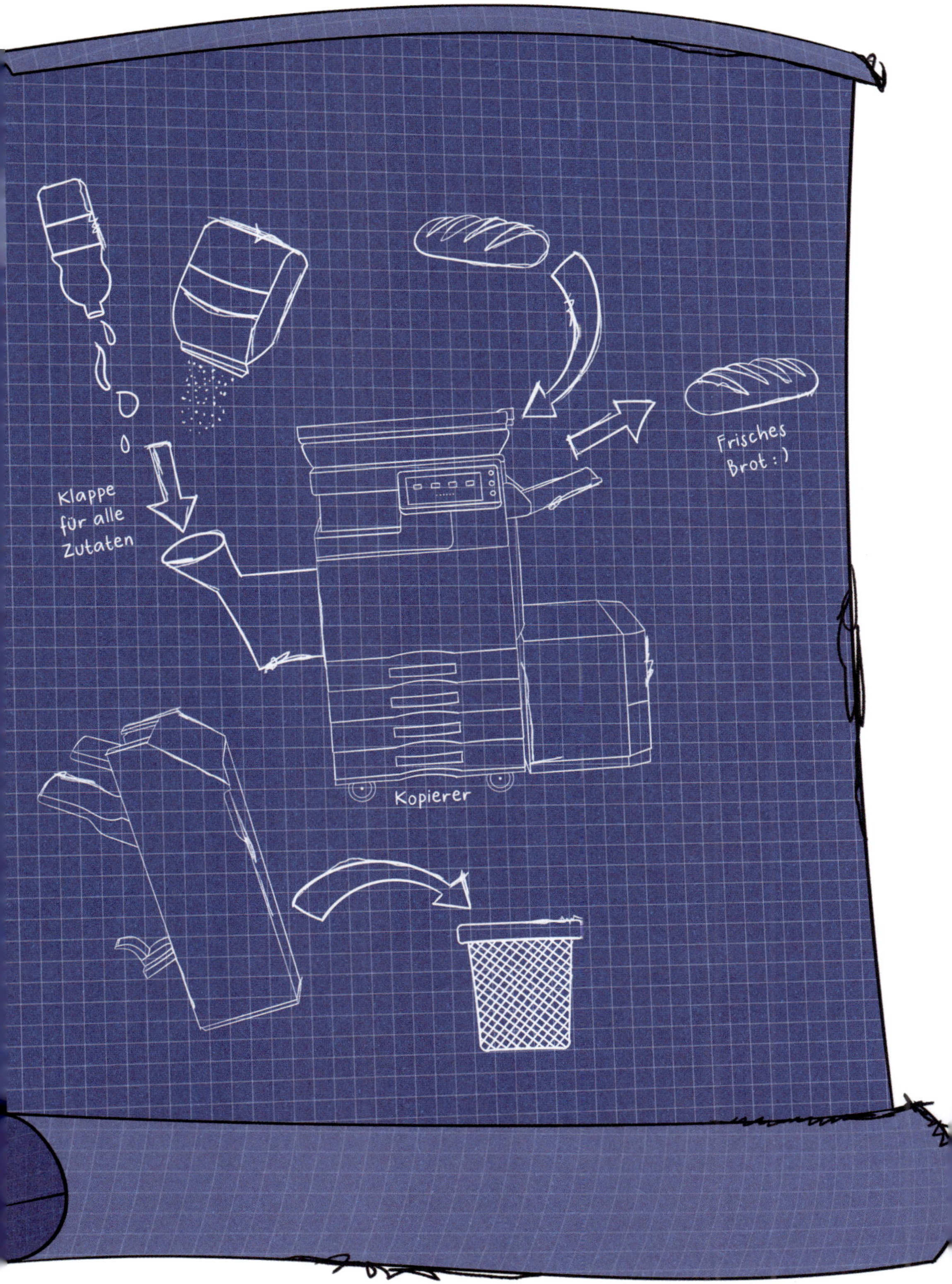
Klappe
für alle
Zutaten
Frisches
Brot :)
Kopierer

Waschbär macht große Augen, so als würde er von seinem Müllbrot träumen.

Mia sieht etwas unsicher aus. »Tja, also ich denke, eine Müllkopiefunktion wird trotzdem keine gute Idee sein. Wir wollen ja mehr Brot und nicht mehr Müll haben.« Bashar und Ben nicken.

»Ganz genau«, sagt Bashar schließlich. »Sorry, Gutenberg.«

Der kleine Waschbär guckt etwas traurig, dann zuckt er mit den Schultern und sagt: »Nicht so schlimm, dann gehe ich jetzt einfach mal zu den Mülltonnen und suche mir da etwas Leckeres.«

Mia kichert und schaut Gutenberg hinterher. Dann wendet sie sich Ben zu und fragt ihn: »Aber wird es nicht sehr lange dauern, bis ein Brot fertig kopiert ist? Wenn meine Mama zu Hause ein Brot backt, dauert das zwei Stunden.«

»Ja, daran habe ich auch schon gedacht«, erwidert Ben, »dieses Problem konnte ich aber noch nicht lösen. Eine Kopie des Brotes wird ungefähr eine Stunde dauern.«

Das ist wirklich viel zu langsam«, entgegnet Bashar.

Da hat Mia eine Idee. »Wir könnten den Backvorgang beschleunigen, wenn wir einen industriellen Hochleistungskammerofen nutzen.«

»Einen was?«, fragen Bashar und Ben wie aus einem Mund.

»Einen Hochleistungskammerofen. Der verkürzt die Backzeit, weil er wie eine Mikrowelle funktioniert und innerhalb von ein paar Sekunden mehrere Hundert Grad heiß wird.«

»Mia, das ist genial«, staunt Bashar und Ben schreibt in die Mitte des Planes noch das Wort »Hochleistungskammerofen«.

Bashar schaut sich den Plan in Ruhe an. »Ben, Mia, das ist wirklich eine großartige Idee. Aber bekommen wir überhaupt alle nötigen Teile zusammen?«

Ben zeigt auf einen Haufen Gegenstände neben dem Schreibtisch. »Ein paar Dinge habe ich schon besorgt, für die Mehl- und Wasserklappe zum Beispiel. Auch für das Brotausgabefach haben wir alles zusammen. Was aber noch komplett fehlt, ist ein Kopierer.«

»Und ein Hochleistungskammerofen«, ergänzt Mia.

Da hat Bashar eine Idee: »Zumindest bei einer Sache kann ich helfen: Meine Mama arbeitet doch im Rathaus. Und sie hat mir neulich erst erzählt, dass für die Bürgerverwaltung ein neuer Kopierer angeschafft wurde und der alte nun entsorgt werden soll. Ich könnte mir vorstellen, dass wir den haben dürften. Wie sieht's aus? Sollen wir fragen?«

Mia und Ben finden die Idee super. »Wir könnten doch mit unseren Rädern mal hinfahren, und du, Ben, mit deinem Rennrollstuhl«, schlägt Bashar vor.

Mia staunt: »Du hast einen Rennrollstuhl, Ben?«

»Ja, den habe ich letzten Sommer mit meinem Papa gebaut. Der hat sogar einen Elektromotor drin und jedes Mal, wenn ich Schwung hole, treibt der Elektromotor meinen Rollstuhl noch mal zusätzlich an. Damit bin ich so schnell wie Bashar auf seinem Fahrrad.«

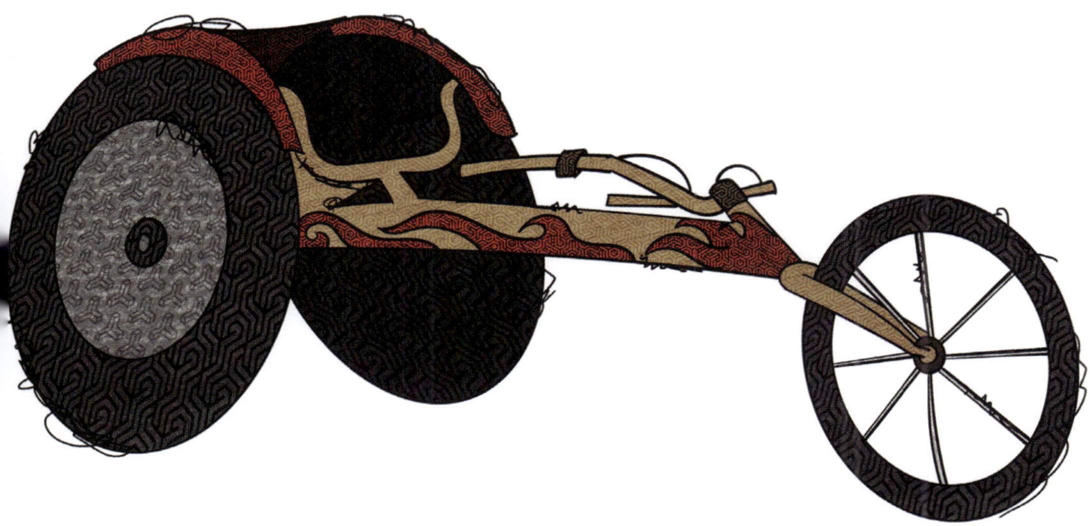

Mia grinst. »Na dann nichts wie los!«

Ben rollt im Labor nach hinten, wo in einer Ecke sein Rennrollstuhl steht. Er sieht wirklich toll und sehr sportlich aus und ist viel länger als sein normaler Rollstuhl, die Räder sind etwas nach innen geneigt und der Rahmen ist mit rot-gelben Feuerstreifen angemalt. Geschickt steigt Ben in seinen Rennrollstuhl um.

Gerade als die drei das Labor verlassen wollen, stellen sich ihnen Edison, Gutenberg und Anderson in den Weg. »Wir kommen mit«, bestimmt Edison. »Vielleicht braucht ihr bei diesem heiklen Unterfangen die Hilfe eurer mutigen Laborhelfer.«

Ben überlegt kurz. »Gut, ihr dürft mit, in meiner Tasche ist genug Platz für euch. Aber ihr müsst euch benehmen, verstanden?«

Alle drei Waschbären nicken fröhlich.

## KAPITEL 5

# Auf zum Rathaus!

Ben, Bashar und Mia fahren die Straße zum Rathaus hoch. Das ist gar nicht weit weg, nur etwa drei Kilometer. Da es aber steil bergauf geht, ist es für die drei Freunde doch etwas anstrengend. Bashar und Mia treten kräftig in die Pedale. Ben kann durch den Elektromotor seines Rennrollstuhls locker mithalten, muss aber trotzdem ordentlich mit seinen Händen anschieben. Edison, Gutenberg und Anderson schauen neugierig aus der Tasche, die hinten an Bens Rollstuhl hängt, und genießen die frische Luft.

Als sie am Rathaus ankommen, springt Bashar vom Fahrrad. »Ich gehe rasch zu meiner Mutter rein und frage sie nach dem Kopierer.«

Nach ein paar Minuten kommt er mit ihr wieder heraus.

»Hallo Ben, schön dich zu sehen. Hallo Mia, es freut mich, dich kennenzulernen«, begrüßt Bashars Mutter die beiden. »Wen habt ihr denn da in eurer Tasche dabei?« Neugierig betrachtet sie die drei Waschbären.

»Mama, so langsam müsstest du doch unsere Laborhelfer unterscheiden können: Gutenberg, Edison und Anderson. Sagt meiner Mama hallo.«

Alle drei Waschbären beginnen fröhlich zu schnattern und aus ihren Übersetzungshelmen dröhnt es. »Pupse im Regen riechen lecker!« – »Ein Swimmingpool voll Spaghetti!« – »Mein Popel schmeckt nach Schmelzkäse!«

Bashars Mama lacht. »Das sollte wohl Hallo heißen. Auch schön, euch zu sehen, liebe Waschbären.«

Bashar grummelt: »Dass die Helme nie funktionieren, wenn Erwachsene in der Nähe sind …«

Mia unterbricht Bashar. »Frau Isa?« So heißt Bashars Familie nämlich mit Nachnamen. »Bashar hat uns gesagt, dass Sie vielleicht einen alten Kopierer für uns haben, der von Ihnen nicht mehr gebraucht wird.«

Bashars Mama nickt. »Ja, das ist richtig. Ihr habt Glück, der sollte

nämlich morgen abgeholt und zum Sperrmüll gebracht werden. Kommt mit, ich zeige euch, wo er steht.«

Frau Isa führt die drei Kinder und ihre Laborhelfer in den Hinterhof des Rathauses. Dort stehen fünf riesige Mülltonnen. Gutenberg bekommt große Augen und flüstert Ben zu, sodass nur er es hören kann: »Dürfte ich bitte kurz mal schauen, ob in einer der Mülltonnen noch essbare Abfälle liegen? Es wäre doch schade, wenn gutes Essen verschwendet wird.«

Ben dreht sich um und will etwas erwidern, doch da ist Gutenberg schon aus der Tasche geklettert und krabbelt in den ersten großen Müllcontainer. Man hört vergnügtes Quieken und Schmatzen und kurz darauf taucht Gutenberg mit seiner Beute wieder aus der Tonne auf. In seinen kleinen Pfoten hält er eine alte Plastikschüssel, die bis

an den Rand gefüllt ist mit altem Jogurt, verschimmeltem Obst und einigen gelben Klebezetteln. Voller Freude beginnt Gutenberg, die Schimmelschüssel leer zu futtern. Mia hält sich die Hand vor den Mund und ruft: »Iiiih, Gutenberg, das ist doch Müll!«

Ben zuckt nur mit den Schultern. »Wir haben schon öfter mal versucht, Gutenberg davon zu überzeugen, lieber normales Futter zu fressen, aber er liebt einfach Müll und altes Essen.«

Bashars Mama ist amüsiert. »Schaut mal, Kinder, hier steht der

alte Kopierer. Der ist auch garantiert müllfrei.« Bashar, Mia und Ben staunen, als sie zwischen den Mülltonnen einen riesigen grau-weißen Kopierer auf Rollen stehen sehen.

»Der ist perfekt!«, ruft Ben und fragt: »Funktioniert er denn noch?«

Frau Isa überlegt kurz. »Ja, tatsächlich hat er noch recht gut seinen Dienst getan. Ab und zu war das Papier etwas zerknittert und manchmal hat der Kopierknopf geklemmt, sodass mehr Kopien herauskamen, als man brauchte. Aber ansonsten war er in Ordnung. Also, wenn ihr möchtet, dürft ihr ihn gerne haben.«

Die drei Erfinderchen schauen sich an und rufen gleichzeitig »Ja!«

»Ich weiß aber noch nicht, wie wir den Kopierer in euer Labor bekommen …«, überlegt Frau Isa.

Auf diese Frage sind die Kinder vorbereitet. »Kein Problem, Frau Isa. Wir haben drei Seile dabei«, erklärt Mia. »Wir binden den Kopierer fest und rollen ihn vorsichtig die Straße hinunter bis zum Labor.«

»Ist die Straße dafür nicht etwas zu steil?«, fragt Frau Isa besorgt. In dem Moment klettert Edison auf Bens Schulter und flüstert: »Ben, ich könnte den Kopierer auch vorsichtig bis ins Labor fahren. Der hat doch Rollen. Ich setze mich einfach oben drauf, Gutenberg und Anderson geben mir Anschwung und dann steuere ich den Kopierer bis zum Labor. Das wäre bestimmt ein großartiger Stunt.«

Doch Ben schüttelt den Kopf. »Das wäre viel zu gefährlich«, flüstert er zurück. Dann wendet er sich an Bashars Mama: »Frau Isa, wir passen bestimmt gut auf. Außerdem kann ich eines der Seile an meinem Rennrollstuhl befestigen, der hat eine großartige Bremse, damit kann ich den Kopierer jederzeit stoppen.«

»Genau!«, pflichtet Bashar ihm bei. »Außerdem haben Mia und ich jeweils auch ein Seil in der Hand und passen auf, dass der Kopierer schön langsam rollt.«

»Und was macht ihr so lange mit euren Fahrrädern?«, gibt Frau Isa zu bedenken.

»Na, die können wir doch einfach vorne bei den Fahrradständern stehen lassen und dann später wieder abholen«, schlägt Bashar seiner Mutter vor.

Frau Isa seufzt. »Ich sehe schon, ihr habt euch das so in den Kopf gesetzt. Na gut. Dann kommt, wir bringen eure Fahrräder vorne zu den Ständern und dann helfe ich euch, die Seile sicher am Kopierer zu befestigen.« Ben, Mia und Bashar strahlen.

Als die Kinder zu den Fahrradständern unterwegs sind, schlüpft Edison aus Bens Tasche und klettert auf den Kopierer. Anderson springt hinterher und flüstert: »Edison, was machst du da?«

»Ich mache das, was ein Stuntbär eben macht: einen Stunt.«

Anderson schüttelt den Kopf. »Ich denke, das ist keine gute Idee. Ben hat doch extra gesagt, dass sie den Kopierer selbst zum Labor bringen wollen.«

»Ja, schon«, erwidert Edison. »Aber stell dir doch mal vor, wie dankbar unsere Erfinderchen uns sein werden, wenn wir das für sie schon erledigt haben. Außerdem sagst DU doch immer, dass wir als Laborhelfer auch helfen müssen. Gutenberg! Hier rüber! Hilf mir anschieben!«

Gutenberg kommt angerannt, in seinem Maul noch ein Riesenstück von irgendeinem verschimmelten Essensrest, in seiner rechten Pfote die halb leere Schüssel. »Fehr germe.« Er hat den Mund so voll, dass man ihn kaum verstehen kann. »Iff fiebe den Kopfierer fofort am!«

Mit aller Kraft bringen Gutenberg, Anderson und Edison den Kopierer ein bisschen ins Rollen. Weil es im Hinterhof des Rathauses leicht bergab geht, werden sie zusehends schneller. »Alle Mann aufsitzen!«, ruft Edison und springt auf den Kopierer. Anderson klettert auch auf den Kopierer, doch Gutenberg schafft es nicht rechtzeitig.

»Gutenberg, schmeiß die Schüssel weg und kletter rauf!«, schreit Anderson. Doch Gutenberg schüttelt den Kopf. »In der Schüssel ist doch noch meine leckere Müllmahlzeit!« Er versucht noch einmal, mit nur einer Hand auf den immer schneller rollenden Kopierer zu klettern, aber vergeblich. Und da geschieht es: Seine Müllschüssel fällt ihm aus der Hand, er stolpert darüber, landet mit beiden Füßen in der Schüssel und purzelt quer über den Hof. Gerade noch bekommt er das Stromkabel des Kopierers mit seiner freien Pfote zu fassen und wird in der Schüssel stehend hinter dem bergab rollenden Kopierer hergezogen.

Während Bashar und Mia ihre Fahrräder vor dem Rathaus abstellen, wendet sich Frau Isa an die drei. »Also, ihr macht alles so, wie wir es besprochen haben: Ihr bringt den Kopierer langsam und vorsichtig zum Labor. Und wenn ihr nicht weiterkommt, rufst du mich auf dem Handy an, verstanden Bashar?«

Die drei Kinder nicken und Ben sagt: »Sie können sich auf uns verlassen, außerdem haben wir ja noch unsere Laborhelfer, die können uns sicher auch ein bisschen unterstützen.« Er dreht sich zur Tasche nach hinten und sagt: »Nicht wahr, Edison?« Doch da ist kein einziger Waschbär zu sehen. »Edison? Anderson? Gutenberg? Wo seid ihr denn?«

Plötzlich ist vom Innenhof ein Rattern zu hören. »Was war das für ein Geräusch?«, fragt Frau Isa. Das Rattern wird lauter.

»Das hört sich an wie … wie …«, überlegt Mia … »wie ein rollender Kopierer.«

Bashar kichert. »Haha, kannst du dir das vorstellen? Ein rollender Kopierer? Den müsste ja irgendjemand anschieben.«

In dem Moment kommt in hohem Tempo etwas auf sie zugerast,

so schnell, dass man kaum hinterherrennen könnte: der Kopierer. Oben drauf sitzt Edison und quiekt fröhlich, an dem Papiereinzug hält sich Anderson fest. Und dahinter kreischt Gutenberg, der sich an das Stromkabel klammert und dabei in einer Schüssel steht, so als wäre er ein Wasserskifahrer. »Kartoffelkonfettiiiiiii«, dröhnt es aus seinem Übersetzungshelm. Immer schneller rollt der Kopierer die steile Straße hinab. Bashars Mama schreit laut auf und Ben ruft: »Freunde, sofort hinterher, bevor ein Unglück geschieht!« Er stemmt die Arme auf die Räder seines Rennrollstuhls und düst lost. Bashar und Mia springen auf ihre Fahrräder, die sie eben noch in die Ständer gestellt haben, und fahren, so schnell es geht, hinter Ben und dem Kopierer her.

KAPITEL 6

# Ein rasender Kopierer

»Gutenberg, halt dich gut fest!«, ruft Anderson nach hinten. Weil die Straße ziemlich steil ist, ist der Kopierer inzwischen so schnell, dass er fast Autos überholen könnte. Zum Glück ist an diesem Samstagvormittag aber gerade kein einziges Fahrzeug unterwegs.

Gutenberg lacht laut. »Alles okay, Anderson, ich fühle mich wie ein Rennfahrer!«

»Genau!«, schreit Edison. »Wir sind Rennfahrer und Stuntbären. Die besten und mutigsten der Welt!« Er stellt sich auf seine Hinterpfoten und streckt die kleinen Fäuste in die Höhe.

Knapp hinter dem Kopierer rauscht Ben in seinem Rennrollstuhl die Straße hinunter. Er versucht, nach dem Stromkabel zu greifen, um den Kopierer abzubremsen, doch der ist zu schnell. Hinter Ben kommen Bashar und Mia auf ihren Fahrrädern langsam näher. Aber auch sie haben Schwierigkeiten, die rasenden Waschbären einzuholen.

»Vorsicht!«, ruft Ben, »da vorne kommt der Marktplatz!«

Tatsächlich rasen die Waschbären direkt auf den Marktplatz zu. Dort sind heute einige Stände aufgebaut, an denen Obst, Gemüse, Käse und andere Dinge verkauft werden. Anderson zieht den Kopf ein, aber Edison bleibt mutig stehen und ruft: »Achtung, hier kommen die Stuntbären.«

Bashar und Mia haben Ben inzwischen eingeholt und fahren nun knapp hinter dem Kopierer her. »Vorsicht da vorne, hier kommt ein wild gewordener Kopierer!«, warnt Bashar die Menschen auf dem Markt.

Die sind alarmiert und trauen ihren Augen nicht: Sie sehen drei Kinder, die auf Fahrrädern und in einem Rollstuhl einem Kopierer hinterherjagen, der quer über den Marktplatz rast. Hinter dem Kopierer hängt ein Waschbär am Stromkabel und auf dem Gerät stehen zwei Waschbären und quieken fröhlich. Aus dem Helm des einen schallen die Worte »Klopapier! Klopapier für alle, mit Zahncreme zum Nachtisch!«

Da plötzlich streift der Kopierer einen Obststand und reißt einen Tisch mit Torten um. Das Tischtuch und einige Stück Kuchen bleiben am Kopierer hängen, auch Äpfel, Trauben, Birnen und anderes

SCHULE
BENS HAUS / LABOR

RATHAUS
MARKTPLATZ

Obst zieren die unterschiedlichen Klappen des Kopierers, der aber zum Glück nicht mit Menschen zusammenstößt. Allerdings verliert er auch kaum an Fahrt. Ben, Bashar und Mia atmen kurz erleichtert auf, als sie sehen, dass der Kopierer nun fast das Ende des Marktplatzes erreicht hat. Allerdings steuert er jetzt wieder direkt auf die Straße zu, die weiter steil bergab führt. Ben erkennt, in welche Richtung der Kopierer rollt, und ruft seinen Freunden zu: »Wenn er noch ein Stück geradeaus die Straße herunterrollt, kommen wir direkt an unserem Labor vorbei, dann müssen wir ihn nur noch rechtzeitig zum Stehen bringen.«

Edison, der das Tischtuch über dem Kopf hat und deswegen nicht sehen kann, wohin der Kopierer rast, ruft zurück: »Ich würde euch ja gerne helfen, aber selbst ein Stuntbär ist machtlos, wenn er nichts sieht.«

»Ich hab eine Idee!«, ruft Mia und tritt so stark in die Pedale, wie sie nur kann. Mit aller Mühe schafft sie es, den Kopierer einzuholen. Mutig nimmt sie eine Hand von der Lenkstange, zieht Edison das Tischtuch vom Kopf und wirft ihm ein Ende zu. »Du musst das Tuch irgendwo am Kopierer festknoten!«, ruft sie dem erstaunten Waschbären zu.

Blitzschnell knotet Edison mit seinen kleinen Pfoten das Tischtuch an einer Klappe des Kopierers fest. Das andere Ende hält Mia fest in der Hand. »Vorsicht!«, ruft sie. »Ich versuche jetzt zu bremsen. Haltet euch gut fest!«

Die Waschbären klammern sich so gut es geht am Kopierer fest. Vorsichtig bremst Mia und tatsächlich: Der Kopierer wird langsamer. Aber noch immer rast er viel zu schnell die Straße hinunter. Da entdeckt Mia schon das Haus von Ben und seinen Eltern. Es ist nicht mehr weit entfernt, vielleicht hundert Meter. Vor dem Haus steht das große Auto von Bens Familie. Der Kofferraum ist geöffnet, weil Bens Eltern gerade den Einkauf ausräumen.

»Vorsicht!«, ruft Ben hinter Mia, »der Kopierer rast direkt auf unser Auto zu.«

»Das sehe ich!« Mia versucht noch mehr zu bremsen, aber dazu ist der Kopierer immer noch zu schnell unterwegs. So werde ich das nicht schaffen, denkt sie. Zusätzlich zu ihrer Rücktrittbremse zieht sie mit der einen freien Hand so fest sie nur kann die Handbremse. Ihre Fahrradreifen quietschen und für einen Moment denkt Mia, dass sie es schaffen könnte, den Kopierer auszubremsen. Doch da hört sie ein lautes Ratsch und das Tischtuch, das den Kopierer mit Mias Fahrrad verbunden hat, reißt entzwei. Der Kopierer rast die letzten Meter auf das Auto von Bens Eltern zu und knallt genau auf den Kofferraum, wo er mit einem lauten Krachen zum Stehen kommt. Die drei Waschbären allerdings können sich bei dem Aufprall nicht mehr festhalten. Zusammen mit dem Obst und den Kuchenstücken, die noch vom Marktplatz am Kopierer kleben, fliegen sie durch die geöffnete Kofferraumklappe quer durch das Auto von Bens Eltern. Nach einem Moment des Schreckens ist es auf einmal mucksmäuschenstill. Auch Ben, Bashar und Mia sind zum Stehen gekommen.

Bens Eltern blicken mit weit aufgerissenen Augen auf ihr zerbeultes Fahrzeug, das von innen mit Kuchen und zermatschtem Obst vollgekleckert ist. Aus dem Auto ist ein leises Waschbärenquieken zu hören, dann tönt es aus einem Übersetzungshelm: »Wir sind Weltmeister im Ohrenschmalz futtern.«

## KAPITEL 7

# Doktor Hackes Hochleistungskammerofen

Glücklicherweise hat sich keiner der Waschbären schwer verletzt. Bens Mama klebt Edison ein großes Pflaster unter sein rechtes Auge, dort, wo er sich von seinem Sturz eine Schramme geholt hat. Gutenberg hockt neben ihm und wirkt etwas mitgenommen von dem Crash. Auch Anderson ist sehr mitfühlend und fragt ihn besorgt: »Tut es dir sehr weh, Edison?« Der quiekt kurz und sein Helm übersetzt: »Ohrenwärmer braucht man nicht in der Badewanne.«

Bens Mama lacht: »Na, ich schätze mal, das heißt, es ist alles in Ordnung.« Sie schaut Ben, Bashar und Mia ernst an: »Ihr hattet Glück, dass nichts Schlimmeres passiert ist. Die eine Beule mehr in unserem Auto ist kein Drama. Aber das hätte übel enden können.«

Bens Papa kommt dazu. »Mama hat recht. Ich werde jetzt zwar ein paar Stunden damit beschäftigt sein, die Kleckerei aus Kuchenresten und zermatschtem Obst aus dem Auto rauszuwaschen. Aber das bekomme ich hin. Alles in allem seid ihr glimpflich davongekommen.«

Die Erfinderchen sehen traurig aus. »Aber wir können gar nichts dafür«, erklärt Ben seinen Eltern. »Edison, Gutenberg und Anderson haben sich einfach den Kopierer geschnappt und sind damit losgefahren.«

Bens Eltern schauen so, als wären sie sich nicht ganz sicher, ob sie Ben das glauben können. Schließlich erwidert Bens Mama: »In Ordnung. Wenn du uns sagst, dass es so war, dann glauben wir dir. Trotzdem waren der Kopierer und erst recht die Waschbären eure Verantwortung. Und ihr hättet besser auf sie achten müssen.«

»Es tut mir leid«, sagt Ben schuldbewusst. »Das nächste Mal passen wir besser auf.«

»Versprochen!«, bestätigt Bashar.

»Auf jeden Fall«, bekräftigt auch Mia.

Bens Eltern schauen sich kurz an und nicken dann den drei Freunden zu. »Okay. Dann ab mit euch ins Labor und seht zu, dass ihr euern Waschbären heute etwas Ruhe gönnt. Eine solche Achterbahnfahrt am Tag ist mehr als genug.«

Die drei Erfinderchen und ihre Waschbären gehen mit dem Kopierer zurück ins Labor. Der hat den Unfall bis auf eine große Beule zum Glück unbeschadet überstanden. Sie schieben ihn zu dem Schreibtisch, auf dem die Skizzen für die Brotkopiermaschine liegen.

Da kommt ihnen Tesla entgegen. »Edison, was ist denn mit deinem Auge passiert? Hat Anderson dich etwa verprügelt? Und Gutenberg, wieso stinkst du so, als hättest du Abfall gefressen und dich danach in der Abfallschüssel quer durch den Ort ziehen lassen?«

Gutenberg überlegt. »Na ja ... weil ich ... Abfall gefressen habe und mich danach in der Abfallschüssel quer durch den Ort habe ziehen lassen.«

Ben, Bashar und Mia ist nun schon wieder nach Kichern zumute. »Kommt Jungs«, schlägt Mia vor, »wir machen uns daran, die Brotkopiermaschine zu bauen. Liebe Laborhelfer, ihr dürft euch nach dem Chaos erst mal etwas ausruhen.« Als Bashar den Kopierer an die Steckdose anschließt, beginnt er zu surren und zu rattern. »Scheint noch alles zu funktionieren«, stellt er erleichtert fest.

»Na dann können wir ja loslegen!«, freut sich Ben.

Als Erstes entfernen die drei Freunde alles an dem Kopierer, was sie für die Brotkopiermaschine nicht benötigen: Das Papiereinzugsfach und das Ausgabefach schrauben sie vorsichtig heraus, ebenso die Papierablagen. Die großen Tonerkassetten, die normalerweise die Druckerfarbe enthalten, nehmen Ben, Bashar und Mia komplett weg. Auch alle Hebel, Bänder und Rollen im Inneren des

Kopierers, über die normalerweise das Papier transportiert wird, werden entfernt. Als sie damit fertig sind, befindet sich in der Mitte des Kopierers ein großer Hohlraum. Als Nächstes schrauben sie an die Stelle, an der vorher der Papiereinzug war, einen großen Trichter fest: Dort werden Mehl, Wasser und alle anderen Brotzutaten hineingeschüttet. Den verbinden sie über Schläuche mit drei Vorratskisten im Inneren des Kopierers. Inzwischen ist es schon früher Nachmittag geworden.

»Jetzt fehlt uns nur noch der Hochleistungskammerofen«, überlegt Ben. »Hat jemand eine Ahnung, wo wir den herbekommen könnten?«

Da fällt Mia etwas ein. »Wir könnten ja mal im Internet schauen. Vielleicht gibt es die dort irgendwo?«

»Gute Idee.« Bashar schaltet den Computer auf ihrem Labortisch an. »Mal sehen, ich gebe in die Suchmaschine ›Hochleistungskammerofen gesucht‹ ein.« Nach einem kurzen Moment sagt er: »Auweia! Der erste, der angezeigt wird, kostet 7.800 Euro. Und 180 Euro Versand.«

Ben und Mia bekommen große Augen. »Da haben wir ja nicht mal genug Geld für den Versand.«

Auf einmal quiekt hinter ihnen eine Stimme. »Ich hätte da einen Vorschlag für euch!« Es ist Da Vinci. »Ich könnte telefonisch erfragen, ob der Hersteller des besagten Hochleistungskammerofens bereit wäre, unser wissenschaftliches Vorhaben zu unterstützen und uns einen ihrer Öfen auszuleihen.«

Mia ist skeptisch. »Meinst du, die machen so etwas?«

»Unsere Chance sehe ich bei etwa 53,73 Prozent«, erwidert Da Vinci entschlossen.

Für einen Moment sagt niemand etwas.

»Ist das gut oder schlecht?«, will Ben wissen.

Doch da hat Da Vinci schon Bens Handy in der Hand und tippt

die Nummer der Firma ein. Währenddessen sagt er: »53,37 Prozent ist immerhin 12,16 Prozent besser als 41,21 Prozent.«

»Na ja, was haben wir schon zu verlieren?« Bashar zuckt mit den Schultern. Gespannt beobachten Bashar, Mia und Ben, wie Da Vinci die Nummer ins Handy eintippt und dann abwartet. Ein Tuten ist leise zu hören, es klingelt also.

»Stell auf Lautsprecher, damit wir mithören können«, bittet Mia. Da Vinci drückt den entsprechenden Knopf, das Tuten ist nun über den Lautsprecher des Handys deutlich vernehmbar. Dann hören sie, wie sich jemand meldet: »Firma Keiße & Hacke, Sie sprechen mit Doktor Hacke, was kann ich für Sie tun?«

Die drei Erfinderchen erwarten, dass Da Vinci nun ihre Lage erklärt, doch scheinbar hat genau in diesem Moment der Übersetzungshelm wieder eine Fehlfunktion, denn Da Vincis Quieken wird

übersetzt mit: »Einmal Pommes und einen Burger mit Ruderbootsauce, bitte.«

Aus dem Lautsprecher des Handys ist für einen Moment nur Schweigen zu hören, dann fragt die Stimme von Doktor Hacke zögerlich: »Äh, wie bitte? Was möchten Sie? Ich vermute, Sie haben sich verwählt, wir verkaufen weder Pommes noch Burger und erst recht keine Ruderbootsoße.«

Bashar, Ben und Mia schauen sich erschrocken an. »Irgendwer muss was sagen«, flüstert Mia. Kurzerhand greift Ben sich das Handy und sagt: »Ähm, guten Tag Herr Doktor Hacke. Mein Name ist Ben.«

»Guten Tag, Ben! Mit wem habe ich da eben gesprochen?«

»Das war Da Vinci, mein Waschbär.«

Wieder entsteht eine kurze Pause am Telefon. »Ben, sagtest du gerade, das war dein Waschbär?« Doktor Hacke klingt etwas ungläubig, aber neugierig.

»Ja, das haben Sie richtig verstanden«, antwortet Ben. »Mein Freund Bashar und ich haben unseren fünf Waschbären Übersetzungshelme gebaut. Wir sind nämlich Erfinder.«

Während Ben mit Doktor Hacke telefoniert und von ihrem Start als Erfinder erzählt, kommt Edison dazu und fragt leise: »Mit wem telefoniert ihr da?«

Da Vinci flüstert: »Mit der Firma Keiße & Hacke. Ben spricht mit Doktor Hacke.«

Da muss Edison kichern und flüstert wieder. »Wie bitte – mit der Firma Heiße & Kacke? Und Ben spricht gerade mit Doktor Kacke?« Er beginnt, um Ben herumzuhüpfen und versucht, den Telefonhörer in seine Pfote zu bekommen. Dabei quiekt er laut und aus seinem Übersetzungshelm dröhnt es: »Ich mal mir meine Spaghetti lila an.«

Ben lässt sich zum Glück bei seinem Telefonat mit Doktor Hacke nicht ablenken, schließlich ist er überdrehte Waschbären gewohnt. Gerade erzählt er dem Doktor von seinem Erfinderlabor und davon, dass sie gerade an ihrer neuen Erfindung bauen.

»Und nun, Ben«, unterbricht ihn Doktor Hacke, »sag mal, wieso ihr mich heute eigentlich anruft.«

»Na ja«, druckst Ben herum, »wir brauchen für unsere Brotkopiermaschine noch einen Hochleistungskammerofen, damit das Backen innerhalb weniger Sekunden funktioniert. Da haben wir im Internet nach den Preisen geschaut und gesehen, dass die für uns ja viel zu teuer sind. Und dann hatte Da Vinci, also einer unserer Waschbären, die Idee, dass er ja fragen könnte, ob wir uns für unsere Erfindung nicht irgendwo einen Hochleistungskammerofen ausleihen könnten.« Ben macht eine Pause.

Am Telefon ist nur das Schweigen von Doktor Hacke zu hören, der anscheinend überlegt. Nach ein paar Sekunden sagt er: »Ben, soll ich dir mal ein Geheimnis verraten? In deinem Alter hatte ich mit meinem besten Freund auch einen Erfinderclub. Wir nannten uns die Erfinderlinge und haben damals viele spannende Dinge erfunden. Nur manchmal konnten wir unsere Ideen nicht umsetzen, weil die Einzelteile zu teuer waren. Ich kann also gut verstehen, wie es euch gerade geht.«

Ben, Mia und Bashar schauen sich gespannt an. Dann fährt Doktor Hacke fort. »Wisst ihr was? Ich leihe euch einen Hochleistungskammerofen aus. Den dürft ihr gerne in eure Brotkopiermaschine einbauen, und wenn ihr ihn nicht mehr braucht, dann schickt ihn einfach zurück.«

Ben, Mia und Bashar beginnen alle drei gleichzeitig zu sprechen: »Vielen vielen vielen Dank!«, ruft Ben.

»Das ist wahnsinnig großzügig von Ihnen. Danke schön!«, ergänzt Bashar.

Und Mia ruft fröhlich: »Sie können sich kaum vorstellen, was Sie uns für eine Freude damit machen! Daaanke!«

Doktor Hacke kichert: »Kein Problem, wir haben viele Öfen, die einfach nur hier herumstehen und ab und zu als Testgeräte genutzt werden. Ich finde es schön, wenn ich euch eine Freude machen kann. Noch heute packe ich den Ofen ein und schicke ihn euch mit der Post zu. Er sollte dann in zwei bis drei Tagen bei euch sein.« Dann verabschiedet sich Doktor Hacke und wünscht den Erfinderchen viel Erfolg beim Zusammenbauen.

»Was für ein netter Kerl«, sagt Bashar, »dann können wir nächste Woche ja weiterbauen.«

»Da könnten wir sogar komplett fertig werden«, sagt Ben begeistert.

Mia schaut auf ihre Uhr: »Das passt ganz gut, ich soll heute sowieso beim Abendessen Vorbereiten helfen.«

»Ja, ich auch«, ergänzt Bashar. »Und morgen mache ich mit meinen Eltern einen Ausflug zum See, da hätte ich sowieso keine Zeit gehabt.«

Ben nickt: »Na, dann machen wir einfach nächste Woche weiter, sobald das Paket von Doktor Hacke angekommen ist. Das wird bestimmt super.«

Für die Erfinderchen
Ben, Mia und Bashar

KAPITEL 8

# Der Zusammenbau

Nach einem langen Sonntag, einem viel zu langen Montag und einem sich noch länger anfühlenden Dienstag steht am Mittwoch, als Ben aus der Schule nach Hause kommt, endlich ein Paket vor der Haustür. Darauf steht in großen schwarzen Buchstaben: »Für die Erfinderchen Ben, Mia und Bashar«. Aufgeregt greift Ben sofort zu seinem Handy und schickt eine Nachricht an seine Freunde. »Der Hochleistungskammerofen ist da!«

Eine halbe Stunde später sitzen Mia, Bashar und Ben gespannt vor der Box, die sie gemeinsam ins Labor getragen haben. Sie ist nicht sonderlich groß, aber sehr schwer. Gutenberg kommt dazu und fragt: »Oh, ist da vielleicht leckerer Müll für mich drin?«

Empört ruft Anderson aus einer Ecke des Labors: »Gutenberg, hast du denn gar nicht aufgepasst in den letzten Tagen? Da ist der Hochleistungskammerofen drin!«

»Da hat Anderson tatsächlich recht«, kichert Ben. »Das Paket ist von Doktor Hacke. Mia, Bashar, wollen wir es aufmachen?« Gespannt nicken beide. Vorsichtig öffnen sie den Karton und sehen zuallererst nur Luftpolsterfolie und eine von Hand geschriebene Karte. Mia liest vor: »Lieber Ben, lieber Bashar, liebe Mia. Ich freue mich, Euch bei Eurer Erfindung unterstützen zu können und schicke Euch hiermit einen Hochleistungskammerofen. Es ist einer unserer Prototypen, die es noch nirgends zu kaufen gibt. Das Besondere daran ist, dass er speziell dafür entwickelt wurde, Gegenstände in Bruchteilen von Sekunden zu erhitzen, ohne sie dabei zu verbrennen. Die Technik ist noch geheim, aber Ihr dürft diesen Hochleistungskammerofen gerne schon benutzen. Er ist komplett sicher, allerdings wird er in seinem Inneren natürlich unglaublich heiß. Deswegen hat er auch ein doppeltes Sicherungsschloss, das sich nicht öffnen lässt, sobald er läuft. Ben, ich habe mit Deinen Eltern telefoniert und ihnen versichert, dass der Ofen keine Gefahr für Euch darstellt. Bitte seid trotzdem vorsichtig und denkt daran, dass Sicherheit immer an erster Stelle steht. Ich wünsche Euch nun viel Erfolg beim Bau Eurer Brotkopiermaschine. Wenn Ihr sie fertiggestellt habt, würde ich mich natürlich sehr über eine Einladung freuen, um sie in Aktion zu sehen. Herzliche Grüße, Euer Professor Hacke.«

Bashar ist beeindruckt. »Wow, das klingt ja ganz so, als hätten wir hier tatsächlich einen tollen Hochleistungskammerofen für unsere Brotkopiermaschine. Der muss wirklich wertvoll sein.«

Tesla ist skeptisch und schaut mit großen Augen in den Karton. »Was genau soll daran denn so wertvoll sein?« Er nimmt ein Stück von der Luftpolsterfolie heraus. »Das ist also ein … wie habt ihr es genannt … Hoch-breit-und-jammer-Ofen? Was soll der denn können? Sieht eher aus wie ein Stück Plastikfolie.«

Mia muss lachen: »Ach Tesla, DAS ist doch nicht der Ofen, das ist …« Doch genau in diesem Moment bringt Tesla mit seinen kleinen Pfoten eine der Luftblasen in der Luftpolsterfolie zum Platzen und es macht leise »peng«. Teslas Augen beginnen zu leuchten. Er lässt noch eine Luftblase platzen, wieder macht es »peng«. Tesla quiekt vor Freude. »Wow, jetzt verstehe ich, ihr habt recht, das ist ja großartig!« Dann schaut er zu den drei Erfinderchen, die sich das Lachen verkneifen müssen. »Darf ich dieses Stück von dem Jammerofen haben und zum Platzen bringen? Das macht so viel Spaß! Gutenberg, Edison, Da Vinci, Anderson, das müsst ihr euch ansehen! Dieser Ofen ist einfach genial!«

»Ähm, Tesla?« Ben versucht die Aufmerksamkeit des Waschbären zu bekommen, doch der hat die Folie schon auf den Boden gelegt und hüpft darauf herum. Peng, peng, peng schallt es durchs Labor. »Tesla, das ist nicht der Hochleistungskammerofen, sondern nur die Luftpolsterfolie, in die er eingewickelt ist.«

Teslas Augen werden noch größer. »Soll das heißen, ich kann den Rest der Folie auch noch haben?«

Ben lacht. »Selbstverständlich, hier warte mal kurz.« Vorsichtig wickelt er den Ofen mit der Hilfe von Bashar und Mia aus und reicht Tesla den übrigen Teil der Luftpolsterfolie, ein Stück von gut drei Metern Länge.

Die restlichen Waschbären sind in der Zwischenzeit herbeigeeilt und staunen: So fröhlich und ausgelassen haben sie Tesla schon lange nicht mehr erlebt. Lachend schauen sie ihm dabei zu, wie er die Luftpolsterfolie um sich wickelt und laut jauchzend durchs Labor kugelt, begleitet von einem beständigen »peng pepepeng, peng pepepeng«.

Mit vereinter Kraft heben die drei Erfinderchen den Prototypen des Hochleistungskammerofens in den Hohlraum im Kopierer. Er passt ziemlich gut hinein. Bashar nimmt den Akkuschrauber und fixiert den Ofen mit ein paar Winkeln und einigen mächtigen Schrauben im Gehäuse des Kopierers. »So, jetzt kann er nicht mehr verrutschen«, stellt er zufrieden fest.

»Haben wir jetzt an alles gedacht?«, fragt Mia in die Runde. »Das Originalbrot zum Kopieren kommt oben auf die Scanfläche. Ich habe übrigens einige Brote vom Bäcker mitgebracht. Mehl, Wasser und alles andere kommt links in die verschiedenen Zutatenklappen. Daraus bedient sich der Kopierer, formt einen Teig und legt diesen in den Hochleistungskammerofen. Dessen Sicherheitsklappe wird verschlossen, sobald der Teig darin liegt. Dann wird das Brot gebacken, die Klappe öffnet sich wieder und das Brot wird rechts auf der Ausgabeschiene abgelegt. Das ist der Plan.«

Ben nickt. »Ob das so ohne Weiteres funktioniert, werden wir dann ja sehen. Seid ihr bereit für einen ersten Test?« Gespannt schauen sich die drei Freunde an, dann nicken alle. »Los geht's«, flüstert Bashar.

KAPITEL 9

# Ein eingeklemmter Knopf

Als Erstes holt Mia ein einfaches Weißbrot aus der Bäckereitüte und legt es oben auf das Scanfeld des Geräts. Bashar schaltet den Hauptschalter an. Die Brotkopiermaschine beginnt zu surren und zu rütteln. Auf dem Bedienfeld erscheinen nach wenigen Sekunden die Worte »Bereit zum Kopieren«.

»Auf geht's.« Als Ben den Kopierknopf drückt, fährt ein heller Lichtstreifen unter dem Weißbrot entlang. »Da, das Brot wird eingescannt!«, ruft Mia begeistert.

»So weit, so gut«, nickt Bashar. Auf dem Bedienfeld steht nun »Weißbrot erkannt – Kopiervorgang gestartet«. Die Brotkopiermaschine beginnt noch etwas mehr zu rütteln und die Erfinderchen halten vor Spannung den Atem an. Dann gibt es ein lautes Geräusch, so als würde eine Waschmaschine ihren Turboschleudergang einlegen. »Die Zutaten werden vermischt«, stellt Ben fest. Kurz darauf geschieht etwas, womit keiner der drei Freunde gerechnet hat: Aus der Zutatenklappe spritzt mit einem lauten »Wusch« eine große Fontäne Wasser, gefolgt von einer riesigen Mehlwolke. Die Waschbären, die gespannt hinter dem Kopierer gestanden und zugeschaut haben, werden komplett nass und dann über und über mit Mehl eingestäubt.

»Abschalten!«, ruft Ben und Bashar drückt sofort den großen roten Knopf auf dem Bedienfeld. Augenblicklich hört die Brotkopiermaschine auf zu rütteln und verstummt wieder. Immer noch fliegen kleine Mehlwölkchen durchs Labor. Als sich der Staub gelegt hat, sehen die Waschbären aus wie kleine Schneemänner.

Einen kurzen Moment sagt niemand etwas, dann fragt Bashar: »Was war da denn los?«

»Vielleicht war der Einzug bei der Zutatenklappe genau falsch herum eingestellt«, vermutet Mia. »Anstatt die Zutaten einzusaugen, wurden sie herausgepustet.«

Ben und Bashar nicken. Mia schaut die Waschbären an und fragt: »Leute, ist bei euch alles in Ordnung?« Die Schneemänner-

Waschbären nicken. »War ja zum Glück nur Wasser und Mehl«, sagt Gutenberg und leckt sich über die weiße Pfote. »Oh, lecker!«, ruft er erfreut und schleckt sich auch noch die andere Pfote ab. »Sogar sehr lecker!« Dann schaut er erwartungsvoll zu seinen Waschbärfreunden hinüber. Tesla, der seinen Blick versteht, zeigt auf Gutenberg und sagt warnend: »Denk noch nicht mal daran!« Doch zu spät: Schon hüpft Gutenberg mit einem gewaltigen Satz auf Teslas Rücken und beginnt, dessen Kopf, Wange und Rücken abzuschlecken. »Das ist ja köstlich! Viel besser als Müll. Das Einzige, was noch besser wäre, wäre mit Mehl bedeckter Müll!«

In dem Moment kommt Bens Papa ins Labor. Als Erstes fällt sein Blick auf die Brotkopiermaschine, dann auf die fünf schneeweißen Waschbären. »Ben, ist alles in Ordnung? Ich habe so laute Geräusche gehört. Und wieso … sehen eure Waschbären aus wie Gespenster? … Und wieso schleckt Gutenberg Tesla den Kopf ab?«

Da ertönt ein lautes Quieken aus Gutenbergs Übersetzungshelm: »Wunderbare Purzelbäume aus Pepperoni!«

Ben lacht. »Ja Papa, es ist alles okay. Die Brotkopiermaschine war falsch eingestellt und hat die Zutaten aus der Klappe herausgeschossen. Gutenberg hat dabei seine Vorliebe für Mehl entdeckt.«

Bens Papa lacht. »Na, dann ist ja alles gut. Seid schön vorsichtig! Und wenn ihr Hilfe braucht, sagt Bescheid, ich gehe kurz einkaufen, danach bin ich nebenan in der Küche.« Lachend und kopfschüttelnd verlässt er das Labor wieder.

Bashar klatscht in die Hände und sagt: »Auf geht's, lasst uns den Fehler beheben!«

Ein paar Minuten später haben die drei Freunde den Grund für die Fehlfunktion entdeckt. Tatsächlich hatte Mia recht gehabt: Der Zutateneinzug war genau verkehrt herum eingestellt gewesen, wodurch das Mehl und das Wasser nicht in den Kopierer eingezogen, sondern mit Wucht hinausgeschossen wurden.

»So, nun sollte es aber funktionieren«, freut sich Ben. »Mia, wie gut, dass du gleich die richtige Idee hattest, wo das Problem liegen könnte.«

Die Waschbären haben inzwischen das Mehl aus ihrem Fell gewaschen. Gutenberg durfte allerdings sehr zu seinem Leidwesen nicht jeden einzelnen Waschbär abschlecken. Stattdessen hat er nun mit Handfeger und Schaufel das gesamte Mehl im Labor zusammengefegt und lässt sich gerade die letzten Reste schmecken. Bashar füllt die Zutatenklappe wieder mit Mehl, Wasser und etwas Salz auf.

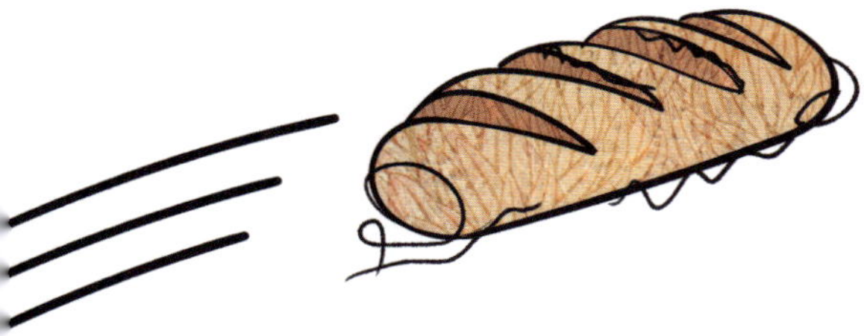

»Da muss mehr Mehl rein!«, schlägt Gutenberg vor. Doch Bashar schüttelt lächelnd den Kopf. »Das reicht für den Moment. Falls etwas schiefgeht, wollen wir nicht zu viel Mehl verschwendet haben.« Als die Zutaten eingefüllt sind, schaltet Ben die Brotkopiermaschine ein. Wieder surrt und rüttelt sie für ein paar Sekunden, bevor im Display das Wort »Kopierbereit« aufleuchtet. Ben drückt auf »Kopieren«, der Scanvorgang startet problemlos und wieder erscheint in der Anzeige der Hinweis: »Weißbrot erkannt, Kopiervorgang startet«. Der Kopierer rüttelt für zwei Sekunden, dann hören die Freunde ein lautes »Klack«.

»Das muss die Sicherheitsklappe des Hochleistungskammerofens gewesen sein«, ruft Mia. »Anscheinend ist der Brotteig schon im Ofen.«

»So schnell?«, staunt Bashar.

Aus der Mitte der Brotkopiermaschine ist ein lautes Surren zu hören und einen Augenblick später macht es erneut »Klack«. Zum Erstaunen der drei Freunde fliegt in hohem Bogen aus der Ausgabeklappe der Maschine ein dampfender Laib Brot.

Ben traut seinen Augen kaum. »Leute, wie schnell das ging!«

Bashar schaut auf seine Uhr. »Also, ich habe die Zeit zwar nicht gestoppt, aber das können keine zwanzig Sekunden gewesen sein.«

»Wir haben das Brot in nur zwanzig Sekunden kopiert?«, fragt Mia ungläubig.

»Na ja«, lenkt Bashar ein, »vielleicht waren es auch dreißig Sekunden; der Scanvorgang hat ungefähr die Hälfte der Zeit in Anspruch genommen.«

Indes applaudieren die Waschbären aufgeregt und Da Vinci ruft: »Meine lieben Erfinderchen, ihr habt es mal wieder geschafft. Meinen Glückwunsch!«

»Lasst uns das Brot probieren«, schlägt Ben vor. »Wo ist es denn gelandet?«

Mia schaut sich um: »Dort hinten in der Ecke. Das muss bestimmt fünf Meter weit geflogen sein.« Als sie es aufheben will, ruft sie »Autsch, das ist noch richtig heiß!«

Bashar nickt. »Na klar, wenn es in so kurzer Zeit so stark erhitzt wird, dann muss es ja knallheiß sein.«

»Ich helfe euch!« Mit einer großen Laborzange hebt Edison vorsichtig das immer noch dampfende Brot auf und legt es vorsichtig auf den Schreibtisch.

Nach ein paar Minuten ist das Brot abgekühlt und die Erfinderchen sowie jeder Waschbär kauen vergnügt auf einem kleinen Stück frisch kopiertem Brot. »Das schmeckt ja richtig, richtig gut!«, stellt Mia erstaunt fest. »Wie frisch vom Bäcker.«

Bashar schaut Ben und Mia fragend an. »Wollen wir noch ein Brot kopieren?«

»Ja, keine Frage«, rufen beide begeistert und laufen wieder zur Brotkopiermaschine.

»Wie wäre es jetzt mit einem leckeren Vollkornbrot?«, schlägt Mia vor und holt ein dunkles, kantiges Brot aus der Bäckereitüte. Vorsichtig legt sie es auf die Scanfläche. Gutenberg kommt mit einem riesigen Sack Mehl an und fragt: »Soll ich noch mal nachfüllen? Dann könnte ich auch gleich kosten, ob das Mehl noch gut ist.« Bevor er eine Antwort abwartet, hat Gutenberg schon seine kleine Pfote in den Mehlsack gestopft und lässt sich eine ganze Handvoll Mehl schmecken. Ben lacht: »Na ja, ein bisschen was von dem Mehl brauchen wir tatsächlich noch. Außerdem müssen wir einige Körner zufügen, damit alle nötigen Zutaten vorhanden sind.«

Ein paar Minuten später ist die Brotkopiermaschine einsatzbereit. »Seid ihr alle so weit?«, fragt Ben in die Runde. Bashar und Mia nicken. Als Bashar daraufhin den Kopierknopf drückt, rüttelt und surrt die Maschine wieder und tatsächlich wirft sie nach ein paar Sekunden ein dampfendes, dunkles Vollkornbrot aus.

»Großartig!« Ben ist begeistert. Doch plötzlich fliegt ein weiteres Brot durch den Raum. »Was war das denn jetzt?«, fragt er verwundert.

Noch bevor jemand etwas sagen kann, fliegt schon ein drittes Brot in hohem Bogen durchs Labor. Misstrauisch nimmt Bashar die Maschine in Augenschein und da entdeckt er es. »Der Kopierknopf ist eingeklemmt!«, ruft er mit besorgter Stimme. »Moment, ich versuche mal, ob ich ihn wieder lösen kann.« Während er das sagt, wirft die Brotkopiermaschine bereits das vierte Vollkornbrot aus.

»Schaffst du es?«, will Ben wissen.

»Nein, da hat sich etwas total verhakt. Ich brauche einen winzig kleinen Kreuzschlitzschraubendreher. Dann könnte es klappen.«

Aufgeregt rennt Anderson los. »Ich suche dir ein passendes Werkzeug.«

Gutenberg schaut sie an. »Ich helfe auch! Ich hole mehr Mehl.«

Bashar will gerade fragen, was mehr Mehl in dieser Situation helfen soll, da fliegt schon Brot Nummer fünf durchs Labor. Nun rennen alle auf der Suche nach einem möglichst kleinen Schraubendreher wild durcheinander. Mia, Bashar und Ben durchwühlen die Schubladen; Tesla, Edison und Anderson schauen in der großen Werkzeugkiste. Nur Gutenberg sucht kein Werkzeug, sondern hat sich unbemerkt den großen Sack Mehl und einen Eimer Wasser geholt und füllt fröhlich die Zutatenklappe auf.

»Ich habe einen gefunden!«, triumphiert Bashar und hält den kleinsten Kreuzschlitzschraubendreher in die Höhe, den die Erfinderchen in ihrem Labor haben. Er rennt zum Kopierer und weicht dabei geschickt den heißen, durch die Luft fliegenden Vollkornbroten aus. Hektisch versucht er, die Schraube an der Knopfabdeckung zu lösen. Doch sie sitzt bombenfest. Bashar dreht, so kräftig er kann, und da passiert es: Der Schraubendreher bricht ab. Mia und Ben starren auf das kaputte Werkzeug.

»Was machen wir denn jetzt?«, ruft Ben.

»Könnten wir nicht einfach warten, bis dem Kopierer die Zutaten ausgegangen sind?«, schlägt Bashar vor. »Das kann doch nicht mehr lange dauern und dann kann die Maschine kein Brot mehr backen«.

»Keine Sorge, die Zutaten gehen nicht aus«, hören sie Gutenberg sagen.

Entgeistert schauen die Erfinderchen ihn an. »Wieso denn nicht?«, will Mia wissen.

»Na, weil ich alles aufgefüllt habe. Etwa 15 Kilo Mehl und 10 Liter Wasser.«

Währenddessen stapeln sich die Brote an einem Ende des Labors schon zu einem Turm auf.

»Ich geh mal lieber schnell meinen Papa holen. Vielleicht hat der eine Idee.« In Windeseile saust Ben aus dem Labor.

Spaß
Kekse

Zehn lange Minuten dauert es, bis Ben mit seinem Vater wieder zurück ist.

»Tut mir leid, Leute.« Bens Papa hebt entschuldigend die Hände. »Ich war gerade beim Bäcker und …« Da verschlägt es ihm beinahe die Sprache. »Den Weg hätte ich mir sparen können.« In der einen Ecke des Labors türmen sich inzwischen fast bis zur Decke dampfende, dunkle Vollkornbrote und immer noch fliegt im Takt alle paar Sekunden ein neues Brot aus dem Kopierer.

»Der Einschaltknopf klemmt und der Schraubendreher ist uns abgebrochen.«

»Habt ihr mal daran gedacht, eurer Maschine den Strom abzustellen?«, fragt Bens Papa, geht schnurstracks zur Steckdose und zieht mit einem kräftigen Ruck den Stecker. Im gleichen Moment verstummt der Kopierer, ein letztes Brot fliegt durchs Labor und die Erfinderchen können es kaum fassen. »Wieso sind wir nicht selbst darauf gekommen?«, fragt Mia ungläubig.

Ben nickt »Wir waren so in Panik, dass wir daran einfach nicht gedacht haben.«

Bens Papa schaut sich staunend den Haufen Brote an. Dann fängt er herzlich an zu lachen. Ben ist erleichtert, dass es keinen Ärger gibt. »Alles okay, Kinder! Es ist ja nichts passiert. Also, na ja, eigentlich ist eine Menge passiert, aber ich meine, es gibt Schlimmeres, als einen Haufen Brot zu haben, oder?«

Bashar nickt und lacht nun auch. »Das stimmt. Aber was sollen wir denn jetzt damit anfangen?«

Alle überlegen einen Moment. Dann hat Mia eine Idee. »Erinnert ihr euch noch daran, wie die Geschichte beim letzten Kindergottesdienst ausgegangen ist?«

KAPITEL 10

# Die Brotparty

Es ist Samstagnachmittag. Der Zwischenfall mit der Brotkopiermaschine ist inzwischen drei Tage her. In dieser Zeit haben die Erfinderchen zusammen mit ihren Eltern eine tolle Idee umgesetzt. Mia hatte vorgeschlagen, es einfach so zu machen wie in der Geschichte von Jesus. »Dadurch sind wir doch erst auf die Idee mit der Brotkopiermaschine gekommen.«

»Ja, stimmt«, hatte sich Bashar erinnert. »Wir teilen das Brot mit anderen Menschen und machen eine Brotparty.«

»Genau!«, hatte Ben begeistert zugestimmt. »Und dazu laden wir alle möglichen Leute ein, die sonst nicht so viel zu essen haben.«

Und so verbringen Ben, Bashar und Mia gemeinsam mit ihren Eltern die kommenden Tage damit, alle Freunde und Familien einzuladen, die sie kennen. Außerdem lädt Bens Mama all ihre Gäste aus ihrer Gemeinde ein, die jede Woche zum »Günstigen Frühstück« kommen. »Dorthin gehen normalerweise die Familien, die nicht so viel Geld haben.«

Auch im Kindergottesdienst am Tag zuvor haben Mia, Ben und Bashar noch fleißig Einladungen an ihre Freunde verteilt. Sogar bei Professor Hacke rufen sie an und laden ihn zur Party ein.

Am Samstagnachmittag treffen sich Bashar, Mia, Ben und ihre Eltern auf dem Rasen vor dem Haus von Ben und bauen Tische und Bänke

auf. Außerdem hängen sie Girlanden auf und ein großes Banner, auf dem »Willkommen zur Brotparty« steht. Das haben die drei Freunde selbst gemalt und ihre Waschbären haben dabei fleißig mitgeholfen, was man an den blauen Abdrücken von Waschbärenpfoten erkennen kann.

Auf einem großen Tisch in der Mitte des Hofes stapeln sie die kopierten Vollkornbrote zu einem hohen Turm auf. Gerade als die Erfinderchen allein draußen sind und Bashar auf der Leiter steht, um

die letzten Brote auf die Spitze des Turms zu legen, kommt Edison zu ihnen. Er hat einen großen Rucksack auf dem Rücken und in seiner rechten Hand eine Fahne mit einem Waschbärengesicht.

»Edison, was hast du denn vor?«, fragt Mia erstaunt.

Der zuckt mit den Schultern »Na, ich habe mich als Waschbärbergsteiger verkleidet. Ich will der Erste sein, der diesen Vollkornberg besteigt, und dann meine Edison-Fahne in das oberste Brot rammen.«

Bashar lacht und schüttelt den Kopf: »Das geht leider nicht. Ich bin mir nicht sicher, ob unsere Gäste es so toll finden, wenn du mit deinen kleinen Waschbärenfüßen über alle Vollkornbrote kraxelst.«

Edison schaut ihn enttäuscht an und murmelt leise vor sich hin »Na gut, dann muss ich mir eben einen anderen Berg zum Besteigen suchen.«

Um 15 Uhr kommen die Gäste. Es sind ganz schön viele und fast jeder bringt noch eine Kleinigkeit mit: ein paar Flaschen Saft, einige Muffins oder auch ein bisschen Obst. Und alles wird miteinander geteilt. Die Menschen unterhalten sich, lachen und essen und trinken. Alle sind so miteinander beschäftigt, dass niemand bemerkt, wie Tesla, Anderson, Da Vinci und Gutenberg, die sich auf ihren Schultern stehend als Erwachsene verkleidet haben, heimlich vom Essen naschen. Bens Eltern kommen an den Tisch, an dem die Erfinderchen und einige andere Kinder sitzen. Nachdem Bens Mama mit einem Löffel gegen ihr Glas mit Orangensaft geklopft hat, werden alle Gäste nach und nach leise. Als niemand mehr redet, ergreift Bens Mama das Wort: »Ich möchte euch allen danken, dass ihr heute zu uns gekommen seid, um diese Brotparty gemeinsam mit uns zu feiern. Ganz besonders natürlich Mia, Bashar und Ben.« Dabei wendet sie sich den drei Erfinderchen zu. »Eure Idee für die Brotkopiermaschine hat dazu geführt, dass so viele Menschen heute zusammengekommen sind, gemeinsam essen, trinken und lachen. Und dafür möchten wir euch danken.« Alle Gäste beginnen zu applaudieren und die drei Erfinderchen werden tatsächlich ein bisschen rot. Als der Applaus abebbt, ist auf einmal eine quiekende Stimme zu hören. Sie kommt vom Dach des Hauses, wo Edison steht und seine Waschbärenfahne in den Schornstein steckt. Aus seinem Übersetzungshelm dröhnt es: »Meine Badewanne ist voll mit Schneckenschleim!«

Ben ruft verlegen: »Entschuldigung, das ist nur unser Bergsteigerwaschbär, der sich für Sir Edmund Hillary hält.« (Sir Edmund Hillary war ein berühmter Bergsteiger, der als erster Mensch den höchsten Berg der Welt bestiegen hat).

Die Menschen lachen und widmen sich danach wieder ihren Gesprächen. Da kommt Doktor Hacke zu Ben, Bashar und Mia und sagt: »Meine lieben Erfinderchen, ich muss schon sagen, ihr hattet da eine tolle Idee mit der Brotparty! Außerdem ist eure Brotkopiermaschine wirklich großartig geworden. Bens Papa hat sie mir eben in eurem Labor gezeigt.« Die drei Kinder lächeln verlegen und Ben sagt: »Danke schön, das ist sehr nett von Ihnen.« Mia ergänzt: »Und danke noch mal für den Hochleistungskammerofen. Ohne den hätte unsere Brotkopiermaschine gar nicht funktioniert.«

Als es Abend wird, gehen alle Gäste allmählich wieder nach Hause. Weil so viele von ihnen etwas mitgebracht haben, ist einiges an Resten übriggeblieben. Bens Papa holt kurzerhand ein paar große, weiße Papiertüten aus seinem Büro und beginnt gemeinsam mit Bens Mama und den Eltern von Bashar und Mia, die übrig gebliebenen Lebensmittel auf die Tüten zu verteilen. Als sie damit fertig sind, darf sich jeder, der gerne möchte, eine Tüte mitnehmen. Zum Schluss sind nur noch die Familien von Ben, Bashar und Mia da. Sie räumen den Vorgarten auf und beladen die Spülmaschine im Haus mit Bergen von Tellern.

Die drei Erfinderchen stehen zusammen an dem Tisch, auf dem sich am Nachmittag noch die Vollkornbrote getürmt haben. »Das war wirklich eine tolle Erfindung«, sagt Mia. »Danke, dass ich euch helfen durfte.«

Ben und Bashar schauen sich an und lächeln. »Was guckt ihr denn so geheimnisvoll?«, will Mia wissen.

»Na ja, wir wollten dich etwas fragen«, druckst Bashar herum. »Würdest du gern ganz offiziell zu uns Erfinderchen dazugehören?«

In diesem Moment zaubert Ben einen kleinen Button aus der

Hosentasche und hält ihn Mia hin. Den hat sie schon öfter bei Bashar oder Ben am T-Shirt gesehen und sich gefragt, was genau er bedeutet. Sie nimmt den Button in die Hand und schaut ihn sich genau an. Darauf ist eine Glühbirne zu sehen, in deren Mitte ein kleines »E« steht. Und in einem Halbkreis darunter steht »DIE ERFINDERCHEN«.

Bashar erklärt ihr: »Diesen Button hat Bens Papa uns mal gestaltet. Er ist sozusagen unser Logo und ein Zeichen dafür, dass man zu uns gehört, wenn man ihn trägt.«

Ein breites Lächeln zeichnet sich auf Mias Gesicht ab. Sie steckt sich den Erfinderchen-Button an ihre Lieblingsjacke und schaut stolz erst Bashar und dann Ben an.

»Heißt das, du bist dabei«, fragt Ben neugierig.

Mia nickt begeistert. »Ja. Absolut! Ich wüsste nicht, was ich lieber täte!« Und nach einem kurzen Augenblick sagt sie: »Und ich habe auch schon eine Idee für unsere nächste Erfindung!« Wisst ihr noch, worum es gestern im Kindergottesdienst in der neuen Geschichte ging?«

Ben und Bashar schauen sie an. Es dauert einen Moment, bis sie sich erinnern. Dann bekommen beide große Augen. »Du meinst doch nicht …«, setzt Bashar an und Ben ergänzt: »Du willst doch nicht etwa …«

Mia nickt. »Doch, ganz genau! Das wird phänomenal! Wir erfinden einen …« In dem Moment wird sie von der lauten Hupe eines Autos unterbrochen. Mias Eltern sind bereit zur Abfahrt und ihr Vater ruft nach ihr: »Mia, auf geht's, wir müssen los.«

Mia lacht. »Na gut, wir sehen uns morgen. Dann sprechen wir über die neue Erfindung. Wie gesagt: Das wird phänomenal!«

Ben und Bashar schauen ihrer neuen Erfinderchen-Kollegin hinterher. »Da haben wir wirklich Glück gehabt, so eine tolle neue Freundin zu bekommen. Und eine großartige Erfinderin noch dazu!«, sagt Bashar anerkennend und klopft Ben auf die Schulter.

Auf einmal hören sie eine Stimme neben sich; es ist Gutenberg: »Leute, ich muss euch etwas gestehen.« Als die beiden Freunde sich zu Gutenberg umdrehen, können sie sich ein Lachen nicht verkneifen. Der Waschbär ist wieder einmal von oben bis unten mit Mehl eingestäubt. »Was ist es denn?«, fragt Ben kichernd.

»Na ja …«, sagt Gutenberg. »Nachdem wir uns durch euer wirklich leckeres Büffet gefuttert haben, wollte ich noch einen klitzekleinen Nachtisch genießen und eine Handvoll Mehl futtern, vielleicht auch zwei. Dabei bin ich dann aber in den Mehlsack geplumpst, er ist umgekippt und jetzt sieht das ganze Labor aus wie eine Winter-Weihnachtslandschaft.«

Bashar lacht laut auf. »Kein Problem, Gutenberg, das kann vorkommen. Ich habe noch ein paar Minuten Zeit, bis ich nach Hause muss. Meine Eltern sind in der Küche und helfen beim Aufräumen. Ben und ich machen rasch Ordnung im Labor, das bekommen wir hin. Aber nur, wenn du auch hilfst, einverstanden?«

Gutenberg nickt. »Abgemacht! Und das tolle ist: Ihr braucht noch nicht mal einen Staubsauger.«

»Wieso das denn?«, will Ben wissen.

»Ist doch ganz einfach!« Gutenberg schnappt sich den letzten Papierstrohhalm, der noch auf dem Tisch liegt, und steckt ihn sich in seine kleine Schnauze. »Weil ich das komplette Mehl wie ein Staubsauger einsaugen werde. Ihr könnt mich quasi Staubsaugbär nennen.«

Ben und Bashar gehen ins Labor, Gutenberg läuft in ihrer Mitte. Man hört ihr Kichern und Lachen noch, bis sie im Haus verschwunden sind. Auf dem Tisch ihres Labors ist bis auf ein paar Krümel kein Hinweis mehr auf den riesigen Berg aus Vollkornbroten zu sehen. Die sind alle verspeist und verteilt worden.

»Ob es bei der Brotparty von Jesus und seinen Freunden auch so fröhlich zugegangen ist?«, fragt sich Ben.

»Bestimmt«, antwortet Bashar und freut sich schon auf die nächste Erfindung. Wie gut, dass Mia schon eine Idee hat.

Ende